平和ブックレット⑤

11時2分のメロディー

山川 剛

海鳥社

はじめに

いまから三十数年もむかしの話なのだが――、それは、私にとっては小さな〝大事件〟だった。

……陽ざしの明るい六月の朝、広島の平和記念公園を私はのんびり散歩していた。あるシンポジウムに参加するために来ていたのだが、泊まったホテルが、たまたま公園に近かったのである。しばらく歩いていると、どこからかオルゴールふうのメロディーが流れてきた。おもわず腕時計を見た。

針は八時十五分をさしていた。

広島市の上空およそ六〇〇メートルで原子爆弾が初めて人間の上で炸裂した時刻である。

「なるほどぉ……そういうことかぁ」

とひどく感心したのを、今もはっきり思い起こすことができる。

「八時十五分」のメロディーは、なにごともない六月の空にひろがっていった。

長崎には、まだ日々「その時」を告げる装置はなかった。十一時二分という時刻を知らせるメロディーを流したいものだ、という思いをそのとき強くもった。

とはいうものの、凡人の凡人たる所以だが、日常の仕事に流され、メロディーを流すチャンスが訪れ

11時２分の原爆投下時刻を示す被爆した時計。爆心地から１キロの坂本町山王神社近くの民家にあったもの（長崎原爆資料館蔵・写真提供）

るまでに四、五年の時がまたたく間に流れていった。

いま長崎市では、毎朝、原爆資料館からオルゴール音で十一時二分にメロディーが流されている。毎月九日には、市の防災行政無線からそのメロディーが市内全域に流されてもいる。

「長崎を最後の被爆地に」するための、日々の小さな営みとしての「十一時二分のメロディー」は、そもそもどのような経過をたどって鳴らされるようになったのだろうか。三十年の時が流れると、それを語ることのできる人はほとんどいない。

いまはどうなっているのか、これからはどうなるのだろう。多くの人にとって、それほど興味、関心を引くことではないのかもしれないと思いながらも、「十一時二分のメロディー」が鳴りつづけることを願い、私としては記憶と意欲のあるうちに、その「いま」と「むかし」を書き留めておきたいと思うのである。

今回の「平和ブックレット」には、他に「ある爆死証明書」を載せた。これは活水高校における「長崎平和学」の授業に端を発したできごとを記録したものである。

二篇に共通するのは、「できごと」が完結していないということである。「いま」と「むかし」については書いたのだが、「これから」については、まさにこれからであって現時点ではそのなかみを述べるまでにいたっていない。それは宿題ということで、今回はひとまずここまでにしたい。

山川　剛

二〇一〇年一月九日

11時2分のメロディー◉目次

十一時二分のメロディー

一、広島の「平和の鐘」

一九八〇年は、被爆から三十五年という区切りのいい年だった。

ふだんの暮らしの中で、日常的に十一時二分という「あの時」を人々に想起させる何らかの手だてを講じるべきではないか、という思いをいだくきっかけになった広島でのあの〝事件〟以降、私の頭の片隅にはそのことが引っかかっていた。

たまたま私は小学校教員を一九七九年からある一定期間休職し、長崎県教職員組合で仕事をしていた。いわゆる休職専従である。教育・文化に関することを主として担当し、「長崎県原爆被爆教職員の会」の仕事もそのなかに含まれていた。

一九八〇年三月、それまでおよそ四年間、頭の片隅にあったものを、ようやく「請願書」という形にして長崎市議会に出すことになった。十一時二分を知らせるメロディーを鳴らすことを長崎市に求める請願である。その詳細を述べるに先だって、先達としての広島の様子を大まかに説明しておくほうが分かりやすいのではないかと思うので、少しおつきあい願いたい。

と言いながらちょっと横道へ。定年退職してから十数年、私は主として各地の修学旅行生に被爆体験を語ったり被爆遺構の案内をしたりしているのだが、そのなかでしばしば、広島と長崎の小さな〝ちがい〟に気づくことがある。些細なことかもしれないが、広島は「平和記念公園」といい、長崎は「平和公園」である。その平和公園にあるのは「平和祈念像」であって「平和記念像」ではない。「長崎原爆資料館」にたいして「広島平和記念資料館」。八月九日の式典は「平和祈念式典」、六日の広島はたぶん「平和記念式典」だろう。どうやら広島は「記念」、長崎は「祈念」を好んで使うようだ。これも「祈り」の長崎か。蛇足ついでに言えば、「浦上」は、「うらがみ」ではなく「うらかみ」と発音する。

さて、その平和記念公園には、三つの「平和の鐘」がある。

その① 平和の時計塔

かつて私が耳にした「八時十五分」のメロディーは、この「平和の時計塔」からのものだったのである。

一九六六年七月十一日に広島市議会が原爆ドームの保存を決定したのを受けて、翌一九六七年(昭和四十二)十月二十八日に広島の鯉城ライオンズクラブが、広島市に寄贈したものである。

この時計塔から八時十五分にオルゴールのメロディーが流れる。設置からほぼ十年後のチャイム音を私は聞いたことになる。当時の地元紙(中国新聞)には、広島市平和記念施設運営協議会(市長の諮問機関)が、時計塔の高さを二五メートルから二〇メートルと低くすることを条件に建設を認めた、とある。「公園の景観をそこなわないため」ということだった。写真に見るように、三本の鉄柱が一カ所ねじれて、高さ約二〇メートルの塔になり、その先端に直径一・五メートルの三個の水晶時計が取り付けられている（一つ一五〇万円だとか）。鉄骨のねじれは、被爆による苦難の歴史を、ねじれの下が被爆前の広島を、ねじれの上は、平和に向かって伸びる未来を表しているという。最上部にスピーカーが見える。メロディーは一キロ四方に届くそうだ。

参考までに寄贈主の銘文を読んでみよう。

核原子力の出現により、人類はいま生か死か、破滅か繁栄かの岐路に立っている。ひろい世界を同じ心で一つに結ぶ全世界のライオンズ会員が、平和実現のために果たす役割は大きい。原爆ドームの永久保存に呼応し、人類が初の原爆の洗礼を受けた時刻、八時十五分に、毎日全世界に向けてこの時計塔のチャイムが「ノーモアヒロシマ」を強く訴え、人類の恒久平和実現の一日も早からんことを祈り、この時計塔を建設し、市に贈るものである。

その② 八月六日の平和記念式典で鳴らされる平和の鐘

通常は広島平和記念資料館東館一階ロビーに展示されている。一九四七年から毎年、八月六日の平和記念式典で鳴らされている。テレビ報道でおなじみの鐘だ。

その③ だれでも自由に鳴らすことができる平和の鐘（悲願の鐘）

原爆死没者慰霊碑北側にある。「平和の時計塔」からすぐのところだ。この鐘の表面に「悲願」の文字があり、世界地図が彫られているが、地図には国境が刻まれていない。

実は、広島の「悲願の鐘」とゆかりのある平和の鐘が長崎市にある。一九八二年に本土最西端の野母崎町野母岬の権現山に建立された「発起の鐘」（まごころの鐘）がそれだ。建立を呼びかけたのは、広島・長崎の学者・文化人で広島の「悲願の鐘」と同じ形の鐘にしてある。

同地の北緯三二度五分線上に鑑真和上が誕生した揚子江河口の揚州があり、キリストのエルサレム

「８時15分のメロディー」を奏でる広島・平和の時計塔

も位置、その間に連なる国々では第三次世界大戦の発火点にもなりかねない事変が起こっている。
われわれはこの地から広島、長崎のまごころを鳴り交わし大陸へ向けて平和の祈りを送りたい。
（二〇〇四年八月十六日「長崎新聞」）

というのが、この地を選んだ理由だという。

広島のこれら三つの音は、環境省の「残したい日本の音風景一〇〇選」に選定されている。ちなみに長崎は、山王神社の二本の「被爆くすのき」である。目で見ているときはあまり音を意識しないが、目を閉じれば、たちまち音の世界である。境内を吹き抜ける風に葉がすれあい、くすの巨木はやさしく心地よい葉音をかなでる。

二、「あの日」を語り継ぐために

長崎でのとりくみをのべるまえに、広島の音風景にふれてみた。

被爆体験を語り継ぐ方法は多様で、現にいろいろ試みられているのだが、なかでも広島の八月六日から長崎の八月九日、そして日本の八月十五日までの十日間は、被爆体験、戦争体験が年間を通して最も多く語られる時期になっている。かつてのマスコミにその傾向が顕著だったことから〝季節報道〟といわれることがあったが、今もその名残がないわけではない。マスコミ各社が周到な準備のもとに練りあげる例年の「原爆・戦争特集」が必要なことはいうまでもない。おなじように、一大イベントとは無縁だが、毎日の暮らしのなかの小さな営みの連続も継承の王道ではないだろうか。それが、毎日十一時二分に、公的施設から、あるメロディーを吹鳴させ、多くの人に「あの日、あの時」を思い起こしてもらおうという試みである。あまり知られてはいないが、民間では先例があり、長崎市筑後町の福済寺が一九八〇年元日から毎日十一時二分に鐘を鳴らしていて、それは今も続けられている。福済寺は長崎駅を見下ろす位置にあり、原爆ですべてを焼失した寺である。

（一）請願第五号

さて、一九八〇年三月、いよいよ長崎市議会に請願書を出すことになった。のちに請願の名称を訂正したが、当初は次のようなやや気負った請願名だった。

《被爆体験の継承と慰霊のための「平和の時計塔」もしくは「長崎の鐘」設置に関する請願について》という名称で、教育厚生委員会に付託された。五人の議員が紹介議員として署名をしてくれた。私は次のような請願書を書いた。

原爆を知らない子どもたちがふえている」といわれています。

一九七七年（昭和五十二）六月に、ある教職員団体が長崎市内の小・中学生およそ一三〇〇人を対象に「原子爆弾に関する意識調査」を行いました。その結果、小学校五年生や中学一年生の十人に一人は、長崎に原爆が落とされたことや、日本が被爆国であることすら知らないことが明らかになりました。また、原爆が落とされた日を「八月九日」と正確に答えた児童は一八・一%、「十一時二分」と答えたのは一八・八%にすぎませんでした。

被爆地ナガサキの子どもたちの原爆に関するこの実態は、三十五年前の「あの日」を体験したわたしたち被爆者や市民にとっては誠に残念な事であり厳しく反省を迫られることでもあります。原爆や戦争を知らない世代に、被爆体験を語り継ぎ、すべての子どもたちに生命と平和の尊さを教えることは、被爆地ナガサキに生きるわたくしたちの重大な責務であり、長崎市民の悲願でもあります。市は、昨年から継承に力を入れているとはいえ、年に一度の平和祈念式典だけでは十分とはいえません。むしろ日常のくらしのなかで、子どもたちにも市民にも、そして長崎を訪れる観光客にも「三たび許すまじ」と訴えかけていくことが大切であり、しかも効果的であります。

そのために長崎市が、平和公園や市役所庁舎等に「午前十一時二分」を告げる時計塔もしくは時鐘を設置し、すべての長崎市民と長崎を訪れる内外の人々に過ぐる三十五年前の筆舌に尽くし難い惨状を思い起こさせ、平和を守り育てる心情を培うための「短い時間」をつくりだすよう、強く要請するものであります。

すでに、広島市の平和記念公園においては、一九六七年（昭和四十二）十月二十八日から、広島鯉城ライオンズクラブ寄贈のオルゴール時計が「午前八時十五分」を毎朝告げているのです。市当局は、この維持管理のために年間十万円を計上し、被爆体験の継承に努めています。

今年はちょうど三十五周年にあたります。「平和はナガサキから」という平和希求の精神を高らかに長崎の空へ、人の心へ響かせるまたとない機会と考え、以下要請する次第であります。

請願事項

一　長崎市は、平和公園をはじめ、市役所庁舎等適切な公共施設内に、仮称「平和の時計塔」もしくは仮称「長崎の鐘」等を設置すること。
二　設置された「時計」もしくは「鐘」等は、原爆被爆三十五周年の一九八〇年（昭和五十五）八月九日午前十一時二分以降、毎日同時刻に時を知らせるようにすること。
三　長崎市は、天主堂・教会・寺院等に対し、被爆体験継承と慰霊のため、上記第二項の措置を講ずるよう、積極的に働きかけてその実現を期すること。
昭和五十五年三月十日
長崎市議会議長　　宮崎藤美殿
請願人代表
長崎市八百屋町三六番地
長崎県原爆被爆教職員の会
会長　森安　勝　他十五名

十六団体が請願人に

請願人は、提唱した「長崎県原爆被爆教職員の会」のほかに、労働組合内の被爆者団体や「長崎を世界に伝える会」（秋月辰一郎会長）など被爆問題にかかわる市民団体など十六団体が名を連ねた（団体名は次の通り）。

長崎県労働組合評議会、県評被爆連（長崎県原爆被爆教職員の会、全逓長崎地区被爆者協議会、全電通長崎県被爆者協議会、国労原爆被爆者対策協議会、放影研労組原爆被爆者協議会、長崎地区高校被爆

教職員の会)、長崎の証言の会、長崎を世界に伝える会、長崎原爆被災者協議会、松山町復元の会、日本科学者会議長崎支部、長崎平和教育研究会、新医協長崎支部、長崎「原爆問題」研究普及協議会、長崎原爆青年乙女の会。

長崎市議会の三月議会開会は、一九八〇年三月五日、請願書提出は三月十日、教育厚生委員会での趣旨説明は三月二十一日、という審議日程になった。私たちの請願書には「請願第五号」と番号が付けられた。この請願に賛成の紹介議員も署名を済ませ、十六団体を揃え、時機もよし、請願趣旨も被爆地の悲願にもとづくものであり、どこからみても全会派一致の採択はまず間違いなし、と私たちは自信をもって語り合ったものだ。

市長も賛成

事実、十三日の本会議で一般質問の答弁に立った当時の本島等市長は、「風化を防ぐことから、ぜひ前むきに考えたい」と述べ「委員会審議の前で市長が独断するわけにはいかないが、個人的には賛成。一日一回、心のどこかで(原爆の)影が過ぎることはいいこと」と積極的な態度を表明したことを新聞各紙は取り上げたのである。私たちはさらに意を強くした。

三月二十一日、教育厚生委員会

午前十時、教育厚生委員会が開会された。委員長は、当時の民社党議員だった。「被爆教職員の会」の森安勝、島田耕蔵そして私(山川剛)の三人が出席した。趣旨説明につづいて各委員の質問を受けた。紹介議員になってもらうために各会派を訪ねたとき、

「そうまでせんちゃよかろうもん」（そこまでしなくてもよかろうに）という議員がいたから、委員会の場でもこれに類する質問がでることは、織り込みずみだった。やはり予想通りだった。いや、ただまったく想定外の一点を除いては、というべきだろうか。

「なぜ、毎日鳴らすのか」

委員会での主なやりとりを再現してみよう。

Q　時計塔もしくは鐘の設置は何カ所考えているのか。

A　請願の趣旨からいって、市民に広く知らせたいので市北部の中心として平和公園に、市の中心部または南部として市役所庁舎、その他支所や主要な公民館など少なくとも市内五〜六カ所は必要だと考える。

Q　広島は何カ所あるか、広島で聞いたときの状況を。

A　平和公園内に一カ所ときいている。朝八時十五分のオルゴール音は、さわやかで静かな感じだった。

Q　なぜ毎日鳴らすのか。

A　日常的な、ほんの短い時間での被爆体験の継承が有効だから「毎日」「短い時間で」ということにしている。

ここまでのやりとりは、質問者の意見を抜いて書いたが、彼らは質問しながら次のような見解を披瀝した。

——市内のいたる所で、毎日毎日、そんなにガンガン鳴らされたのではたまらん。現に、平和公園にある鐘を鳴らしたことがあるが、近所からうるさいと言われ八月九日だけになっている。

これは、ある被爆者団体が寄贈した鐘を観光客に自由に鳴らさせたもので、十一時二分に限って鳴らすのとは異なるケースである。

原爆被爆三十五周年という節目にあたり、被爆体験の継承を市の責務としてどう考えるかを問う請願人の本質論議を〝騒音公害〟にすり替えようとした。これは想定外だった。

——毎日毎日鳴らせば感受性がマヒして、かえって拒絶感を与えるのではないか。

——被爆者は、本来忘れてしまいたいあの日の悲惨な思いを、毎日思い起こさなければならなくなるのではないか。

などと、まことに消極的な意見がつづいた。また、市に設置させるより、広く市民運動的に取り上げた方が、趣旨はより生かされるのではないかと、まことに耳ざわりのいい危うい誘いもあった。これはきっぱり断った。行政当局が積極的に趣旨を体して設置することにこそ、私たちは意義があると確信していたからである。

継続審査へ

質疑は請願人につづいて理事者側（市側）に対しても行われた。原爆対策部長は、

「趣旨は分かるが、これまでにも寄贈された「愛の鐘」などが騒音への市民からの苦情で鳴らせなくなっていることもあるので、〝騒音問題〟について、関係団体とじゅうぶん協議してはどうか」

と発言した。原爆対策部なら、消極論に対してはむしろ説得する側に立つのが当然ではないかと大いに不満だった。

教育厚生委員会は、請願人に退席を求めかなりの時間協議した。

「騒音への苦情も予想され、全市民的合意を得て永続させるためには検討の余地がある」として結局、六月議会に継続審査となった。不採択にしないために請願人と理事者側でさらに詰める必要があり、そのための時間も要るだろうからというのである。しかし〃騒音公害論〃では請願の趣旨に真っ向から反対する理由としてはいかにも弱い。「そうまでせんちゃよかろうもん」氏らの苦肉の策か、と苦笑した。

（二）差し替え

六月議会に再提案するため関係諸団体と基本点について論議し、いくらかの文言を修正した。再提案する請願を、議会の〃方言〃では「差し替え」というようだ。

請願事項の第一項については、

「長崎市は国際文化会館および市役所庁舎に、仮称『平和の時計塔』を設置し、自鳴鐘によって歌曲『原爆を許すまじ』を適当な音量で吹鳴させること」

と修正した。

設置場所については、不本意ながら南北二カ所に限定した。吹鳴させる曲（メロディー）については、請願の趣旨から「原爆を許すまじ」がベストで、これ以外にはないということになった。むろん私のなかでも、これ以外はまったく念頭になかったので当初請願書に曲名を指定さえしなかったくらいである。

「毎日、ガンガン」に対しては、「適当な音量で」とした。第二、三項は変更しなかった。

三月の委員会で、「請願人は十六団体あるのに出席者は被爆教職員の会だけだ。請願に対する熱意に欠けるのではないか」、という委員の皮肉な発言もあったので、他の請願団体にも参加の要請をした。大人は頭数を数えるのが異常にすきなのだ。

「原爆を許すまじ」

一九八〇年七月七日十時からの教育厚生委員会には、定刻前に十二人が集まり、小さな委員会室は満席になった。森安勝・被爆教職員の会会長が、「差し替え」について経過を説明し質疑に入った。

Q 「原爆を許すまじ」は歌を鳴らすのか、メロディーを流すのか。時間はどのくらいか。

A メロディーだ。四十から五十秒くらいである。

Q 広島は一カ所と聞く。長崎も一カ所でどうか。「毎日はうるさい」という市民の声もある。それにどう対応するか。なぜ「原爆を許すまじ」をとりあげたのか。

A 少なくとも二カ所はほしい。うるさい、という声には市が広報紙などを通じて積極的に市民の理解を求めるべきだ。「原爆を許すまじ」は原水爆禁止運動のなかで生まれ、広く人々に知られ歌われている歌である。

こうしたやりとりのあと理事者側への質疑に移った。理事者側の答弁を要約すればほぼ次のようになる。

「長崎の鐘」が適当と思う。「平和は長崎から」（一九四九年、島内八郎作詞、木野普見雄作曲）も選曲の対象になる。専門家の意見を徴して選曲する。これは市長をまじえての結果である。市長も、今あるもので利用できる施設や曲を各団体とよく協議して検討してはどうかということであった。技術的なことはよく分からないが、新たに曲を取り替えるとすれば十二万円くらいかかる。そうすれば八月九日に間に合わないのではないか。

正午近くになって、教育厚生委員会委員長から私たちに打診があった。――趣旨には賛成が大多数だが「差し替え」の内容があまり変わっていない。第三項は役所からはどうこう言えない。「毎日」というのは、長崎の命日ということで毎月九日に限ってはどうか。また、請願ではなく陳情に切り替えて役所に働きかけてはどうか。現状では賛成しにくい。どうしてもこのままということだと、不採択のほうが強い。運動の芽がつぶれぬように客観的な立場で考えて、抵抗の少ないところから始めて納得をえるほうがよくないか。

と、まあこんな具合で、「運動の芽がつぶれぬように」とはよく言うよと思った。この日修正案（差し替え）は採択に至らなかった。

翌七月八日。前日の委員長の打診という形の本音というか修正要求を箇条書きにすれば、

①場所を一カ所にしなさい。

②「原爆を許すまじ」等と「等」を入れなさい。

③「毎日」を「毎月」にしなさい。

④第三項は削除しなさい。

ということである。

意見調整のため休憩に入った。控室に移った私たちは憤懣やるかたなしだった。委員会構成をみれば「通す」ためには譲歩せざるをえないが、②の「原爆を許すまじ」と③の「毎日」という文言は変えるわけにはいかないと陳述した。なお、設置場所を一カ所に限定せざるをえないとすれば、「平和公園内に」設置すべきだとした。これらを踏まえて再修正、三度目の請願になった。

結局、教育厚生委員会は、次のように一部削除した「差し替え」で全会一致という形をとり、ようやく審査を終えた。

被爆体験の継承と慰霊のための自鳴鐘設置に関する請願（差し替え）

請願事項

一、長崎市は、平和公園内に、被爆体験の継承と慰霊のための自鳴鐘を設置し、歌曲「原爆を許すまじ」等を適当な音量で吹鳴させること。

二、上記自鳴鐘は、一九八〇年（昭和五十五）八月九日午前十一時二分以降毎日同時刻に吹鳴させること。

請願人代表（略）

昭和五十五年七月

まあ、なんとスリムになったことか。

本会議でようやく採択

七月十日の長崎市議会本会議は、委員長の審査報告を承認し、採択した。

本会議での委員長の報告は、次のような言葉で締めくくられた。

「種々論議が交わされたのでありますが、慎重に内容検討の結果、請願の趣旨を了とし、別に異議なく本請願を採択の上、市長へ送付すべきものと決定した次第であります」

教育厚生委員会で数々の異議を唱えた結果としての「別に異議なく」であることを本会議場の議員たちは知るよしもなかった。

なお、請願書の「慰霊」は、特定の宗教観念と宗教行為であり、これに公的な性格を与えようとするのは不適切な表現だとして紹介議員になっていただけなかった革新派の議員が、本会議でこの点に言及されたあと、「趣旨そのものには全面的に賛意を表明する」と請願賛成の討論に立たれた。私は宗教に関わる用語についての無知を恥じた。このような場合、「追悼」とすれば問題ないことを学んだ。

こうして半年間の自鳴鐘設置運動は一応の結着をみた。原案からはかなり遠いものになったが、彼我の力関係では妥協せざるをえない現実でもあった。ただ、次のように大骨は残せたと思った。

第一に、行政(長崎市)が設置するということ

第二に、毎日十一時二分にメロディーを流すということ

第三に、「原爆を許すまじ」を削除させなかったこと

この三点は譲ることのできない事項であった。八月九日にこれらが完全に実施されるよう見まもるだ

けだ。曲目についても、なんらかの相談があるにちがいない。

ウラ技

ところが、私たち請願人の中心団体だった「被爆教職員の会」にはひとこともなかった今後の具体的措置について、市当局はその日のうちにマスコミには語っていたのだ。

市当局は八月九日から毎日、午前十一時二分に平和公園内の長崎国際文化会館から請願の趣旨にそった曲を吹鳴する。しかし、新設には経費問題があるため同会館屋上に四十五年十一月設置の〝長崎の鐘〟を約二百九十万円で改造、曲目も含めて地元自治会、被爆者四団体（被災協、被爆者手帳友の会、被爆者手帳友愛会、原爆遺族会）と相談に入る。

（一九八〇年七月十一日、「長崎新聞」）

記事のなかの「長崎国際文化会館から」と「長崎の鐘を」には唖然とした。

平和公園といえば、平和祈念像のある、かつて長崎刑務所浦上刑務支所だった場所としか思わないが、行政的には別の丘の上にある長崎国際文化会館（現・長崎原爆資料館）も平和公園内だったのだ。いまの原爆資料館が建て替えられる前の建物の屋上に「長崎の鐘」などのオルゴール音が鳴らせるようになっていたとは、市は委員会では言及しなかった。「長崎の鐘」が適当と思う、と言った時には、レールが敷かれていたのだ。委員長が、「原爆を許すまじ」という曲名の次に「等」を入れれば通すと言ったのは、そうすれば「原爆を許すまじ」を堂々と選択肢から外すことができる政治の初歩的テクニックだったのだ。お役所の文書やお役人に提出する文書を見れば、「等」「など」がとても愛用され多用されているのが分かる。私など、テキモサルモノヒッカクモノ、そうきたか、お見事！　とつい感心したが、こんなのはウブな市民相手の官僚や議員の「当たりまえ」なのだろう。

広島では

長崎市議会ではこのような議論があったのだが、広島ではどうだったのか。

広島の平和記念公園には多くの記念碑や慰霊碑が、ところ狭しと設置されている。たとえば「平和の時計塔」のように、設置者が広島市に寄贈したものも少なくない。それらの維持管理は、当然市が行う。つまり公費（税金）が使われる。となれば議会にかかるはずだ。そこで、平和公園の施設に関して、市議会でもめた記事は広島の地元紙（中国新聞）になかったか、広島の知人に調べてもらった。

公園設計者の丹下健三氏が、「平和の時計塔」の設置に当初は真っ向から反対したことや、「毎朝あの一瞬にチャイム」といった記事などはあるが、市議会でもめたという記事は見当たらないということだった。市議会の議事録にも見当たらないようだ。公園の担当部局によれば、公園内の多くの碑などへの個別の支出は一般的に言えばよく分からないということのようである。

毎朝八時十五分に鳴らされるメロディーにも、だれもがいつでもうち鳴らすことのできる「悲願の鐘」にも、「騒音」をイメージする議会人はいなかったようなのだ。

ただ、〝革新的〟組合や〝うるさい〟市民団体の請願（長崎の場合）と片やライオンズクラブ（広島の場合）では、保守派優勢の両議会の態度が、自ずと異なるだろうことは想像に難くない。ちなみに、広島市平和記念施設運営協議会が、慰霊碑や記念碑などが多すぎて聖地の印象をそこなうとして、「公園内の新たな慰霊碑建設を認めない」と決めたのが一九六七年九月で、有名クラブの「平和の時計塔」は、そのひと月後の同年十月に建てられているのだ。「碑」であれ「塔」であれ、公園の「過密」という点では同じことなのにである。

いずれにしても、平和公園の諸施設設置や、それに公費を支出することに関しては、新聞や議事録にはもめた記録はなく、広島ではすんなり通ったということだろう。

「原爆を許すまじ」とはなにか

「原爆を許すまじってなんね?」「なぜそんなにこだわるの?」という若い読者の無邪気な表情も眼前に浮かんでくるので、ここで話題提供的に述べてみよう。

なんだ、歌詞か、と飛ばさないで、まずは歌詞を読んでいただきたい。

一　ふるさとの街やかれ
身よりの骨埋めし焼土に
今は白い花咲く
ああ許すまじ原爆を
三度許すまじ原爆を
われらの街に

二　ふるさとの海荒れて

黒き雨喜びの日はなく
今は舟に人もなし
ああ許すまじ原爆を
三度許すまじ原爆を
われらの海に

三　ふるさとの空重く
黒き雲今日も大地おおい
今は空に陽もささず
ああ許すまじ原爆を
三度許すまじ原爆を
われらの空に

四　はらからのたえまなき
労働にきずきあぐ富と幸
今はすべてついえ去らん
ああ許すまじ原爆を
三度許すまじ原爆を
世界の上に

（「焼かれ、絶え間なき、築き」と漢字表記になっているものもある。）

長崎市民のあいだには「長崎の誓い」という合い言葉がある。「長崎を最後の被爆地に」というのがそれだ。これは広島との違いの一つでもある。

爆心地公園を出て原爆資料館に上る石段の途中左手に「長崎の誓いの火」灯火台が立っている。その「誓い」である。灯火台のこの「火」についていえば、渡辺千恵子さんら長崎の被爆者の願いに応えて、ギリシャ政府の特別のはからいで、古式に則り太陽から採火した「火」をギリシャの特使が被爆地長崎に届けてくれたものである（一九八三年八月）。周知のように、オリンピアの火は、四年に一度だけオリンピックの聖火としてギリシャ国外に出るだけなので、被爆地への破格の贈り物だったのである。ではなぜギリシャの火か。古代オリンピック開催中は、すべての戦を止めたという故事を今に生かし、核廃絶の日までこの火をともし続けようとしているのである。

本来、毎日ともしつづけるべきなのだが、維持管理にあたる市民団体の経費負担から、毎月九日でないと火を見ることができない。火の消えた灯火台は、火の消えた寂しさである。諸外国で目にする「無名戦士の墓」や広島の慰霊碑のように毎日灯すことはできないものだろうか。

「長崎を最後の被爆地に」を言い換えれば「三度許すまじ原爆を」である。「あの日」を毎日想起させ、「長崎の誓い」を誓うのに「原爆を許すまじ」ほど簡明直截《ちょくせつ》な歌があるだろうか。

さて、その「原爆を許すまじ」のルーツは、一九五四年（昭和二十九）三月一日、アメリカが、中部太平洋マーシャル諸島のビキニ環礁で行った一連の水爆実験にある。核実験史上、最も汚いといわれているのが三月一日の水爆「ブラボー」だ。よくもまあ、ブラボー（すばらしい！）だなんて。

この時、爆発地点から一六〇キロ東で操業していた静岡県焼津市の遠洋マグロ漁船・第五福龍丸が被災し、いわゆる「死の灰」をかぶって帰港した。水爆実験の場所と第五福龍丸のいた距離は、およそ長崎市と山口県の下関市間に相当する。

およそ七カ月後の九月二十三日、同船の久保山愛吉無線長が亡くなった。世界で最初の水爆犠牲者になった。無事に帰港できたのは、久保山さんの沈着冷静な判断があったからだといわれる。つまり、被災現場からの日本への無線は、傍受されると必ず米軍が機密保持のため船を沈めにくると考え、船が無線を傍受される危険のない安全圏に入ってから何が起こったかを焼津に通報したのである。アーサー・ビナード（米国の詩人・日本在住）さんは、折にふれてこの点に言及し、久保山愛吉氏が「かわいそうな犠牲者」に矮小化されているのは不当であり、巨大な核に立ち向かった〝英雄〟という視点で語っている。

アメリカの水爆「ブラボー」で被災した第五福龍丸
（写真提供焼津市歴史民俗資料館）

第五福龍丸被曝のニュースは世界中に流れた。地元の焼津市議会が原水爆禁止を全国に先駆けて決議した。次いで東京都杉並区のお母さんたちが「杉並アピール」を表明。これをきっかけに原水爆禁止の運動が燎原の火の如く広がり、全国各地で議会、市民団体、組合、文化人などによる原水爆禁止決議が広がった。

翌一九五五年八月六日には広島市で「第一回原水爆禁止

世界大会」が開かれた（第二回は長崎市）。一九五五年十一月時点で署名は約三千万に達した。ところが、原水禁運動の高揚に危機感を持った日米両政府は、「第五福龍丸事件を今後いっさい政治課題としない」とする政治決着をはかった。世紀の大事件にフタをしたのだ。その結果として、毒（原子力の平和利用＝原子力発電）をもって毒（原水禁運動）を制したのである。原発導入のルーツもまたここにあった。

「原爆を許すまじ」が作られたのはこのころのことである。東京・大井の町工場の工員・淺田石二が作った詞に、木下航二が曲をつけた。「死んだ女の子」（ナジム・ヒクメット）や「しあわせの歌」も木下航二の作曲だ。彼は当時都立日比谷高校の社会科教師で、そのかたわら青年会活動に参加。そこで知り合った運動仲間の淺田石二の詞に曲をつけた。「原爆を許すまじ」の発表は、第五福龍丸の被曝からおよそ五カ月後の一九五四年七月二十八日という。

久保山愛吉さんを弔う静岡県漁民葬は、一九五四年十月九日に焼津市講堂で行われた。静岡県知事を葬儀委員長とする静岡県漁民葬には、日本政府から安藤正純国務大臣、アメリカからはJ・グラハム・パーソンズ駐日公使など、政・官・一般の約五〇〇〇人が参列した。

式後、静岡大学自治会を中心に集まった約二〇〇名の大学生は、「原爆を許すまじ」のコーラスで式場から当目山《とうめやま》の墓地に向かう久保山愛吉さんを送った。コーラスの高まるにつれて回りの人もいつかそれに引き込まれ、小声で歌に和しながら原水爆の反対を強く誓った。

翌一九五五年、この歌はこんな場面にも登場している。

――大会に先立って、広島市主催の平和記念式典が、午前八時に平和広場で開かれた。（略）閉式の後、「原爆許《ママ》すまじ」、「平和の歌」が原爆ドームもゆるげとばかりに歌われ、平和を求める民衆のまなじりは、世界平和を実現しなければやまない決意にみちあふれていた。

参加者は五万、当時の熱気が伝わってくる。市主催の式典の後、「第一回原水爆禁止世界大会」は、八月六日午前十時から広島市公会堂で始められた。会場に入りきれなかった参加者が、外の通路や階段をびっしり埋めつくしている写真が残っている。

大会三日目の八日、ヒロシマ・アピールが読み上げられ全体会場は万雷の拍手につつまれる。そして、――最後を飾った「原爆許《ママ》すまじ」の大斉唱も、この大会にふさわしい幕切れで、歌が終わっても、しばらく誰ひとり会場を立ち去ろうとはしなかった。

作曲者の木下航二自身がタクトを振ったともいわれているがはっきりしない。

こうして「原爆を許すまじ」は、その後の原水爆禁止のイベントや会議、学校の平和集会などで歌われた。また、そのころ盛んになりつつあった「うたごえ運動」をも背景に全国に広まり、今も歌い継がれている。

(『ビキニ事件の真実』大石又七、一九五四年十月九日、十日付「静岡新聞」、『原水爆禁止運動』今堀誠二、一九七四年ほか)

長崎国際文化会館。現在は長崎原爆資料館などが建っている

（三）「長崎の鐘」鳴り響く

さて、話をもどそう。待望の一九八〇年八月九日はどうだったのか。

原爆投下の午前十一時二分、長崎市の爆心の丘から平和のメロディー「長崎の鐘」が市内に鳴り響いた。

「あの日、あの時」を自らの心に刻みつけようとする被爆都市・長崎。三十五年目の原爆忌を期してこれから毎日、同時刻にメロディーは流れる。

被爆後三十五年。戦後世代が過半数になり、長崎に原爆が落ちた事実さえ知らないヤングが増えつつある。危機感を抱いた長崎原爆被災協、同県原爆被爆教職員の会など十六団体が「原爆投下日時を忘れないように」と同市議会に「平和の鐘」設置を請願していたもの。

「平和の鐘」は平和公園内にある長崎国際文化会館屋上に取り付けられ、四十五秒間、澄んだメロディーで「被爆継承」を訴えかける。

（一九八〇年八月一〇日、「西日本新聞」）

ヤッパリ「長崎の鐘」だった。なんのことはない、「市にあるやつを使え」ということだ。新聞の見出し「『長崎の鐘』鳴り響く」は一般にはかっこよく晴れがましくさえ見えるだろう。「等」のトリックで「原爆を許すまじ」は、見事に「長崎の鐘」に変身したのだ。請願の趣旨にもっともふさわしい歌といえば、「原爆を許すまじ」の右に出るものはないと私は思っていたし、その思いはいまも変わらない。

ところが、どういうわけか行政や管理職の校長先生たちには受けが悪い。この歌が嫌いで避けたがるのである。八月九日の〝原爆登校日〟の集会で、この歌を子どもたちに歌わせたいとする先生たちに、校長先生が「でけん！」と突っぱねて「学校事件」として新聞ダネになることが長崎市ではめずらしくない時期があった。夏が来るたびに、である。かつての私の勤務校の校長先生は「これは労働歌だ」と言って聞かなかった。この歌ではないが、夏の集会でよく歌われた「夾竹桃のうた」について、「夾竹桃は毒花だから、子どもに歌わせるわけにはいかん」と言い張る御仁もいた。私の別の勤務校での校長先生もそのひとりだった。このレベルの議論で「原爆を許すまじ」が排除されたとしたら、なんともやりきれない。

こんなのは過去のこと、と思われるかも知れないが、どっこい、教育行政のこの種のレベルは〝健在〟なのだ。ついこの間のこと、福岡市教委が市立学校内のすべてのキョウチクトウを「有害」として切り倒すことにしたが相次ぐ抗議にこの方針を早々に撤回したそうだ（二〇〇九年十二月十二日「毎日新聞」）。市教委の「有害」は、かつての私の上司と同様「毒花だぞ」というのだろう。

原爆に焼かれ叩きつけられ道路の傍らに運ばれた被爆者の目に映ったのが、夏にさく花キョウチクトウだった。長崎の『原爆読本』の小学中級用に『夾竹桃の花さくたびに』がある。映画化されて「せんせい」（大澤豊監督作品）になった。被爆二十五年後にひとりの女教師が、彼女は実在の先生だったのだが、原爆病で亡くなる。死の床で、見舞いに来た子どもたちを前に、

「病気がなおるものなら、毒のある夾竹桃の葉っぱでもなんでも食べてしまいたい」

と声をふりしぼった。被爆者は夾竹桃にこんな思いさえ寄せたのである。

さて、「長崎の鐘」だ。これは、一九四九年（昭二十四）、サトー・ハチロー作詞、古関裕而作曲の歌謡曲で藤山一郎のあの朗々たる歌声で、長崎では特に〝超〟有名な流行歌だ。原子野・浦上の如己堂（二畳一間）で病床にあった永井隆博士がモデルである。ことばとメロディーと歌声の調和が絶妙だといわれる。

こよなく晴れた青空を
悲しと思うせつなさよ
うねりの波の人の世に
はかなく生きる野の花よ
なぐさめはげまし長崎の
ああ長崎の鐘が鳴る

歌詞を目で追いながら、頭の中にメロディーが鳴り響いた中高年の読者もおいでだろう。二、三回聞けばなんとか歌えるのは、さすが流行歌である。

世間に知られた長崎原爆の歌としては、この「長崎の鐘」がもっとも早いのではないかと思っていたら、なんと敗戦の翌年（一九四六年）には、「からたちの花」「赤とんぼ」といった歌曲や童謡など数多くの作品を残した山田耕筰が、「原子爆弾に寄せる譜」を作曲している。彼の念頭にあったのは、広島原爆か、長崎の原爆かは知るよしもないが、どんなメロディーか聞いてみたいものだ。

（四）「原爆を許すまじ」が流れた

かつて爆心の丘に六階建ての国際文化会館がたっていた。眼下に爆心地公園が見える。国際文化都市建設法に基づいて被爆十周年に建てられた。ニューヨークの国連ビルをうんと小さくしたような、当時としてはなかなかのものだった。このなかに「原爆資料室」がおかれていた。資料展示室は、当初の一フロアから、二、三フロアと拡充されはしたものの、やはり狭かった。狭いスペースに原爆関連の資料がひしめきあっていたのだが、それだけに訴えてくるものがあった。いわば雑然と整理されていた。冬は寒く、夏はぶるぶる汗をかきながらも人は食い入るように見ていた。一九七一年に数人の教師で、子どものための『原爆読本』を執筆・編集していたころ、私はよくここに通った。その屋上から「長崎の鐘」のメロディーが流されたのである。

80.8.9 朝日

ひと

被爆体験継承のためメロディー運動に取り組む

山《やま》川《かわ》剛《たけし》

長崎市生まれ。8歳で被爆。昭和36年長崎大教育学部卒。市内の小学校教諭を務め、現在長崎県教組教文部長。43歳。

九日は長崎原爆忌。原爆が投下された午前十一時二分、爆心地、平和公園内の長崎国際文化会館（原爆資料センター）屋上から、藤山一郎が歌ってヒットした「長崎の鐘」のメロディーが流れる。今年初めての試み。

原爆体験を風化させまい――昨年末から「メロディーを流す運動」のまとめ役として、長崎市議会に請願を重ね、やっと実現へ。だが、表情はさえない。

「請願の採択は結構なんですが、中身がずたずたで……」

当初の請願。「毎日、同じ時刻に、市内数カ所で。曲は『原爆を許すまじ』にしてほしい、とお願いした」

市議会は難色を示した。「毎日じゃ、うるさくて近所の人が迷惑。曲がどうもイデオロギー的だ、と。結局、設置するのは一カ所。曲も「『原爆を許すまじ』『長崎の鐘』など」に後退。

九日にはとりあえず「長崎の鐘」を流すことになった。「被爆体験継承といいながら、その実、一向に腰を上げない行政に、まず曲を流すという行動を起こさせるのが最大のねらいでした。大骨は残りました。一歩前進とすべきでしょう」

先生らしい、かんで含める語り口。昨年四月から長崎県原爆被爆教職員の会事務局長。

十年前、長崎県教組長崎総支部が実施した調査で、原爆投下を知らない児童が二割もいた。「それまで沈黙していた自分の姿と調査結果が重なって」と、以来、持ち前のねばり強さで平和教育に取り組んできた。

原爆忌で流れる曲は、意に反して流行歌となった。十日以降も当分の間、この曲を流し続けるが、やはり不満が残る。

「まだまだ市の重い腰をつつかねばならない。蚊の鳴くころの、一回きりの平和教育ではダメなんです」。やりっ放しをきらう。

（小菅　幸一記者）

著者の「11時２分のメロディー」への取り組みを伝える「朝日新聞」1980年８月９日

ところで、平和祈念像がたつ平和公園に隣接して、一階に「被爆者の店」、二階に被災協（長崎原爆被災者協議会）が入っている建物がある。屋根のスピーカーからは、毎日十一時二分に、なんと「原爆を許すまじ」のメロディーが流れているのだ。平和公園の観光客のなかには、その時立ち止まって黙祷する姿が、ときたま見られる。

「赤い背中」の写真でよく知られた被爆者の谷口稜曄《すみてる》さんが所属していた全電通（全国電気通信労働組合）の長崎県支部が、「長崎の鐘、鳴り響く」からおよそ二年後の一九八二年十月に設置したものだ。〝騒音公害〟に配慮して周辺自治会などに説明してまわり了解してもらったそうだ。行政もこんなふうに趣旨を分かってもらうために汗をかけば、〝騒音公害〟は解消できるにちがいない。民間の場合、自前で鳴らすのだから、選曲の制約はない。「公」が避けた「原爆を許すまじ」を「民」が選んだのは至極当然だった。

話は変わるが、一九七〇年代は、以前にも増して核実験が相次いで強行されていた。一九六三年に大気圏内、宇宙空間、水中での核実験を禁止する「部分的核実験禁止条約」が締結されたにもかかわらず、フランスと中国はさかんに大気圏内で核実験をやっていた。おまけに一九七四年に、インドが初めて核実験に成功し、事実上の核保有国になった。核は拡散したのである。

こうした核状況にいたたまれず、その年の八月十七日に被爆教師五人が核実験抗議の座り込みを原爆中心碑前ではじめた。私も四歳の息子を連れて参加した。その頃の原爆投下中心地公園（長崎市は落下と表記する）は閑散としていて、ときおり、おばあちゃんがよちよち歩きの孫の後を追うといった感じの場所だった。座り込みという抗議のスタイルは、多くの人の目に触れなければまったく無力である。そこで六回目からは、当初あまり気が進まなかったが、観光のお目当てになっていた平和祈念像前に引っ越して抗議するようになった。アピール度は格段に上がった。以降、こんにちまで「座り込み」といえば平和祈念像前である。

少しずつ参加者も増えた核実験抗議の座り込みが、「核実験直後の日曜日、十一時から一時間、平和祈念像前で」と定着するようになった。そのころ、私たちが座り込む平和祈念像横の建物から「原爆をのである。

許すまじ」が流されるようになったのである。メロディーが始まるのを合図に起立し黙禱をしていた。するとややおくれて、といってもほぼ同時に、およそ五〇〇メートル先の国際文化会館から「長崎の鐘」が小さく聞こえるのだった。そのころは二つの「十一時二分のメロディー」を私たちは聞いていたのである。

（五）聞こえん

一九八〇年代に入ってもアメリカと旧ソ連を中心とした狂気の核軍拡競争は止まるところを知らず、そのための核実験は、日常茶飯事であった。その結果、八〇年代半ばの世界の核弾頭は、およそ七万発に達した。九〇年代に入ると核実験はやや減少してきたが、やまることはなかったから、私たちの抗議座り込みも回数を重ねざるをえなかった。「狂気と正気の闘い」をやめるわけにはいかなかったのである。

二つの「十一時二分のメロディー」とともに時も流れ、被爆五十周年がめぐってきた。一九九五年のことだ。これを機に手狭で老朽化した国際文化会館が記念事業として建て替えられ、翌一九九六年四月に現在の長崎原爆資料館がオープンした。地上二階、地下二階で正面玄関を入ったところが地下一階と聞いて面食らう。メインの資料展示室は地下二階になる。以前の国際文化会館と違い広いガラスの向こうに資料は整然ときれいに展示されている。建て替え工事から開館にかけての一九九四、五年は、フランスと中国がやたら核実験を連発していた。私たちの座り込みもそれに連動した。フランスと中国は一九九六年を目前に「駆け込み」実験をしていたのである。というのは、一九九六年に「包括的核実験禁止条約（ＣＴＢＴ）」の締結が確実視される情勢があったからだ。この条約は、核爆発を伴ういかなる核実験もしてはならないというものである。

1982年12月、核実験に抗議の座り込み

平穏であるべき日曜日の朝を奪われるだけでも核実験は許せない。またか、と座り込みに出かけるのだ。十一時二分に、「原爆を許すまじ」を聞きながら黙祷した後、高齢化した参加者たちは、たいてい「よっこいしょ」などとつぶやきながらもとの場所にゆっくり座り直す。修学旅行の生徒たちや観光客をぼんやり目で追いながら、私はふと、「まてよ……」と胸が騒いだ。「そういえば、『長崎の鐘』は聞こえんやったぞー」。

「ね、ね、あんたさあ、『長崎の鐘』は聞こえたね」

「うんにゃあ。そういえば、鳴らんごたったねぇ」

このことがあってから、私は黙禱のたびに二つのメロディーを聞くために神経を集中させたのだが、「長崎の鐘」は聞き取れなかった。言わずもがなだが、二〇〇四年十二月十日午後三時以降、突発性難聴で私の右耳は機能しないが、当時は人間ドックで看護師さんから「年の割には上等！」と太鼓判を捺されてうれし

長崎原爆資料館。屋上にスピーカーが見える

がっていたくらい聴力は上等だった。平和公園に常駐している見事に日焼けした写真屋のおじさんにも聞いてみたが、やはり「聞こえん」だった。

　原爆資料館に電話を入れた。

「館内と館外に流しているので、館内のボリュームが適当なとき、館外は聞こえにくいのでしょうね」

　私は電気工事に関する知識は、これっぽちも持ち合わせていないが、館内向けと館外用とは音量を変えて別系統で流せばすむ話で、それほど高度な技術はいらないのではないかと思った。それにしても、私はどうも短期決戦が不得手で「館外に聞こえるようにしてほしい」という話を詰めなかった。メロディーの状況に変化はなかったが、時間はさっさと過ぎた。

　二十世紀の終わりころ、ある記者にこのことをぼやいてみた。それが記事になった。手元にあるので、見てみよう。

　長崎市の爆心の丘から毎日午前十一時二分に流れていた「自鳴鐘」が〝聞こえない〟と市民から

戸惑いの声が上がっている。長崎原爆の投下時刻を「被爆地の記憶に刻み付けよう」と、長崎市が約二十年前から同市平野町の旧長崎国際文化会館で始めたメロディー放送。同会館が建て替わった長崎原爆資料館にも引き継がれたはずだった—。

事の真相を追った。（略）自鳴鐘は、一九五〇年ごろヒットした歌謡曲「長崎の鐘」のオルゴール風演奏。長崎国際文化会館が八〇年八月九日から休館日を除き毎日、屋上スピーカーから放送した。（略）しかし、最近、聞こえるのは「原爆を許すまじ」だけという。これに対し、長崎原爆資料館は、「放送は続けている。会館は地上六階建てだったが、資料館は地下二階、地上二階。屋上スピーカーの位置が低くなり、音が届く範囲が狭くなったのではないか。風向きでも聞こえ方は違う」としたうえで、山川さんらの指摘を受け止め、昨年（二〇〇〇）から改善を検討している。

（二〇〇一年一月十六日「長崎新聞」）

「検討している」から「改善された」まではかなりの距離がありそうだが、ここは辛抱して見まもることにしよう。

（六）「千羽鶴」飛来し、「長崎の鐘」鳴り止む

「十一時二分のメロディー」が替わった。

二十一世紀が幕を開けて九日目、二〇〇一年一月九日、長崎市内二一五カ所の防災行政無線から、「千羽鶴」のハープ風のメロディーが一斉に流された。この日を皮切りに、毎月九日十一時二分に放送

されている（二〇〇九年現在三七六カ所）。

長崎原爆資料館は、これに合わせて自鳴鐘の曲を「長崎の鐘」から「千羽鶴」に替え、これまでのように休館日をのぞく毎日午前十一時二分に「千羽鶴」を流している。

「千羽鶴」という歌曲は、長崎市が被爆五十周年を迎えるにあたり、その記念歌に制定したものである。歌詞は公募した。選定されたのが、横山鼎《かなえ》さんの「千羽鶴」で、それに長崎市出身の作曲家大島ミチルさんが曲をつけた。

初めて耳にした人の感想が、当時の新聞にあった（二〇〇一年一月十日「長崎新聞」）。

「九日の原爆投下時刻に流れたので、原爆にちなんだ放送ではないかと思った。原爆で亡くなった人を追悼し、原爆について考えるという意味でいいことだと思う」と被爆者の主婦（六十六歳）。

「放送の意義は認めるが、曲にはなじみがない。平和を祈る穏やかな曲調よりも、被爆地から核兵器廃絶をストレートに訴える歌を使った方がよいのでは……」と戸惑い気味の男性（七十一歳）。

この男性の言う「核兵器廃絶をストレートに訴える歌」とは、「原爆を許すまじ」であることに間違いあるまい。

放送開始にあたって、長崎市原爆被爆対策部調査課は、「市民、特に若い世代は、日常的に原爆を想起することは少ない。二十一世紀になるのを機に、平和の大切さに触れる機会にしたい。音楽は歌謡曲「長崎の鐘」なども検討したが、若い世代も受け入れやすいよう新しい曲にした」とコメントしている。

市内全域に「あの日」を想起させる五〇秒を共有できる意義は小さくはない。ただ、月に一度では、市民もそうだが観光客の人たちが、「十一時二分のメロディー」を耳にするのは三十日に一回という偶然の機会になってしまう。三十数年前の私がそうしたように、不意にメロディーが鳴り出すと思わず時計を見るものだ。子どもの手を引いたお母さんが「この音はね……」と話して聞かせる、こんな場面を期待するのである。ここは、毎日、とはいかないものだろうか。「あの日」を語り継ぐための十一時二分の五十秒を共有できないほど、いまの長崎市民が無理解、不寛容だとは思えない。

先の男性は「なじみがない」とコメントしていた。私も曲名だけは承知していたが、歌うなんてことは、とてもじゃないができない。被爆五十周年の平和祈念式典で長崎市内の純心女子高校一年生の合唱で初めて聞いてから十数年経ったが、たしかに「なじみがない」と言わざるをえない。歌の誕生から二〇〇〇年までは、ほとんどの人が、八月九日の式典かそのテレビ報道かでたまたま聞くか聞かないかという状態だった。「市民に定着した」という記事を見たことがあるが、はたしてそうだろうか。おそらく、ちゃんと歌えるのは、純心高校の生徒たちくらいではないだろうかと今も思うのだが、それは無理もないと思う。というのは、二十年慣れ親しんでいた「長崎の鐘」とは比較にならないくらい（私にとっては）難しいからだ。

まず、歌詞が覚えにくい。三番まである歌詞のそれぞれに三色、合わせて九色の鶴が入れ替わり立ち替わり出てくる。すなわち、緋・白・赤・紫・黄・青・緑・藍・桃の九色と目まぐるしい。これでおしまいかと思うとさらに、「虹色」の鶴が加わる。

未来への希望と夢を　桃色の鶴に折る
未来への希望と夢を　虹色の鶴に折る

となるのだ。「未来への希望と夢」は、桃色にしようか、虹色にしようかと迷ってしまう。赤から紫までの、かろうじて覚えている「七色の虹」の数とも順序とも違っていてややこしい。要は、ひとりでも多くの人が平和への思いをこめて多彩な千羽鶴を折ってほしい、ということだろう。

応募は一九〇〇篇を越えたそうだから、すべてを一覧するわけにはいかないが、市などがあらかじめ十篇くらいに絞っておき、その段階で多くの市民の声を参考に選定するといったやり方は考えられなかったのだろうか。メロディーも流行歌のようにはいかない。作詞だけでなく作曲も公募にしていたら、より多くの市民が議論に関わることになり、被爆体験の継承を考えるいい機会になったのにと悔やまれる。

こんなコメントが紙面に載ったら、早速電話がかかってきた。音楽に造詣の深い人であるらしく、あなたは「千羽鶴」の歌詞、曲の音楽性、芸術性の高さを理解できない低俗なおひと、と長々と論された。「長崎の鐘」から「千羽鶴」への切り替えは、市民の議論によってというよりは、またしても行政判断が優先したといえそうだ。

三、十一時二分のメロディー

（一）せめて、爆心地公園で

「聞こえない」という市民のクレームを受けて、原爆資料館は、屋上スピーカーの改善を検討したとのこと。屋上の四つのスピーカーの一つを大型のものに取り替えたそうだ。爆心地公園に向けているが、状況によっては聞こえないことがあるだろうという。

ならばと観光客になったつもりで、十一時ころ原爆資料館下の爆心地公園に行ってみた。たまたまシーズンオフで修学旅行生の姿もなく、人影まばらだった。

……十一時二分。耳をそばだてているとかすかに「千羽鶴」のメロディーが聞こえた。私のように十一時二分にメロディーが流れるはずだと身構えていない観光客が散策しながら、あるいは修学旅行生で混雑するシーズンにここで、「ん？　なにかな……」と気付くことはないと思われる音量だった。原爆資料館の駐車場近くのマンション前に聞き取りテストで〝配置〟されていた妻は、「原爆を許すまじ」が聞こえたよ、と言った。およそ五〇〇メートル先の丘（平和公園）からのメロディーは、ちゃんと聞こえるのである。せめて、すぐ下の爆心地公園くらいには、「十一時二分のメロディー」が届かなければ、市議会で採択された請願の趣旨に、もとるというべきだろう。当時、私たち請願者は原爆資料館の館内に流すことは想定外で、館外に聞こえるように流すことを求めていたのである。

曲の変更にあたっても、長崎市は被爆者団体をはじめおよそ四十（！）の団体と話をしたそうだが、一九八〇年に市議会に請願した際の中心団体だった「被爆教職員の会」は、そのなかに含まれていなかった。変な話である。

「原爆を許すまじ」を許すまじ、というなにやらぬえのように得体の知れない灰色の力でこの曲は葬られ幻に終わった。一部の人にとって、この歌は偏見と猜疑心をない交ぜにしたようなものにふんわりと包まれている、ちょっとヤバイものに見えるのだろうか。

さて、そろそろ終わりにしよう。

これまで見てきたように、一九八〇年八月九日から鳴らされるはずだった「原爆を許すまじ」を、公的施設からのメロディーとしてはだれも聞くことはなかった。その代わりに、この日から約二十年のあいだ、「長崎の鐘」が鳴り響いた。これは有名な歌謡曲なのでたしかに市民に親しまれ定着していた。いっぽう、流されなかったメロディーは、一九八二年以降、民間の手で平和祈念像のたつ爆心の丘から毎朝十一時二分を告げている。その同じ時、いま原爆資料館は「千羽鶴」を用心深く、か細く放送している。

いずれ節目の被爆年に、「千羽鶴」に替わる新「十一時二分のメロディー」が、鳴らされることだろう。しかし……、「やっぱり、『原爆を許すまじ』が、よかバイ！」という〝奇跡的〟気運が、いつの日か醸成されることを期待したい。私の「十一時二分のメロディー」は、「原爆を許すまじ」であり、そしてなによりも、〝原爆、許すまじ〟である。

（二）再び広島にて

三十数年ぶりの「八時十五分」のメロディーを聴くために広島へ行った。そのために平和記念公園に近いホテルをとった。

二〇〇九年十二月五日、土曜日。ヴァイキングの朝食にかまけて、肝心の八時十五分に遅れると何しに来たのか分からなくなるので、音に「逢う」ほうを優先し、朝食はホテルに戻ってからたっぷり時間をかけていただくことにする。

ホテルの外には、よわい朝の陽ざしと、暖冬にはめずらしいくらいの冷気があった。公園の北端に位置する「平和の時計塔」には、じゅうぶんな余裕をもって着いた。市電が原爆ドーム前を通って相生橋を渡っている。T字型の橋で広島原爆投下の目標点だった。

まだ観光客の姿はない。対岸の原爆ドームが逆光のなかに見える。初冬の朝の光は、まず二〇メートルの時計塔の文字盤を照らしゆっくり塔を下りてあたりを明るくしていく。デジカメのシャッターを押していると、三人連れがやってきて時計塔そばの機械室を開けた。公衆電話ボックスより大きめである。お孫さんらしい小学生を伴ったおじいさんと、その女の子の父親らしい三人である。

時計塔のメロディーを聞くために長崎から来たことなどを話すうちにうちとけてきた。毎月第一土曜日にここに来て、時計の調整をするのだという。なんでも、一九六七年に時計塔からメロディーが鳴りはじめてから数年後のこと、東京の女子大生が八時十五分のチャイムの音を聞きながら時計を見上げると、なんと針は二時三十五分になっていた。付近一帯を工事したときの停電が原因だった。機械室の親時計は停電してもチャイムを鳴らすが、塔上の時計は、電池装置がなく針は止まる。その後、改善されたのだろうが、相手はなにせ機械である。なので、この老人が市から委託されて保守点検をしているのである。オルゴールの原盤が使えなくなるときのために、ＣＤが準備してあると教えてくれた。

八時十分に観光バスが一台とまった。観光シーズンには、公園周辺の道路上にバスが連なるそうだ。公園北端のここから南端の資料館に向かう観光コースなのだという。

八時十四分になった。音を待ち受けるというより写真を撮るのに忙しいその団体から距離をとって息をひそめる。念のため「その時」の三十秒前、八時十四分三十秒からＩＣレコーダーのスイッチを入れて待った。腕時計をにらむ。十秒前、五秒前、四、三、二、一、ついにメロディーは鳴りはじめた。かなりのボリュームで、ゆうゆうとほぼ一分間流れた。チャイム音は力強く四方に響き渡り、長く余韻を引いた。

三十数年前は、「八時十五分」のチャイムとして聞いたが、今回は「八時十五分」のメロディーとして聴いた。全身で聴き入った六十秒は、「十一時二分のメロディー」とともに「残すべき日本の音」であった。

ある爆死証明書

一、希望を学ぶ「長崎平和学」

長崎で爆心地から五〇〇メートルといえば、たいてい浦上天主堂か城山小学校を思い起こすものだ。あまり知られていないが、活水中学・高等学校も五〇〇メートルの位置にある。そこに「一号館」とよばれる四階建ての校舎がある。この一、二階部分は原爆で壊滅した旧鎮西学院中学校の一、二階を全面的に補修し再利用したものである。爆風に押しつぶされた校舎の模型や被爆後の写真が一号館のロビーに常設展示されていて、生徒たちは日常目にすることができる。

活水学院は、一八七九年創立のミッションスクールで、今年（二〇〇九年）で一三〇年になる女子の伝統校である。天皇制軍国主義下の戦時には「キリスト教主義」の削除を強いられた。いまは、二十数年にわたって活動をつづけている平和学習部や一九九八年からの「高校生平和大使」への応募、二〇〇一年からの「高校生一万人署名活動」への積極的な参加など、平和活動への関心は高い。「夏の風物詩」と、かつて『週刊金曜日』が紹介した高校生の署名活動は、いまや夏に限らず日曜日ごとに長崎市の繁華街を中心に展開されているが、ここでも活水の制服を多く見ることができる。

こうした下地があって、二〇〇五年から高校三年社会科の一単位として「長崎平和学」が教育課程に位置づけられた。「平和学習」を必修扱いにしている学校は、全国的にもめずらしいのか、ＮＨＫが「おはよう日本」で紹介したりもした。

どのような学習をしているか、概略を述べておこう。というのも、本稿はこの学習のなかから生まれたものだからである。一学期は別の講師が、長崎の「文化」について授業している。私が担当する「長崎平和学」は、二、三学期が充てられている。将来的には、年間を通した授業も検討されているらしい。テキストは拙著『希望の平和学』（二〇〇八年、長崎文献社）である。

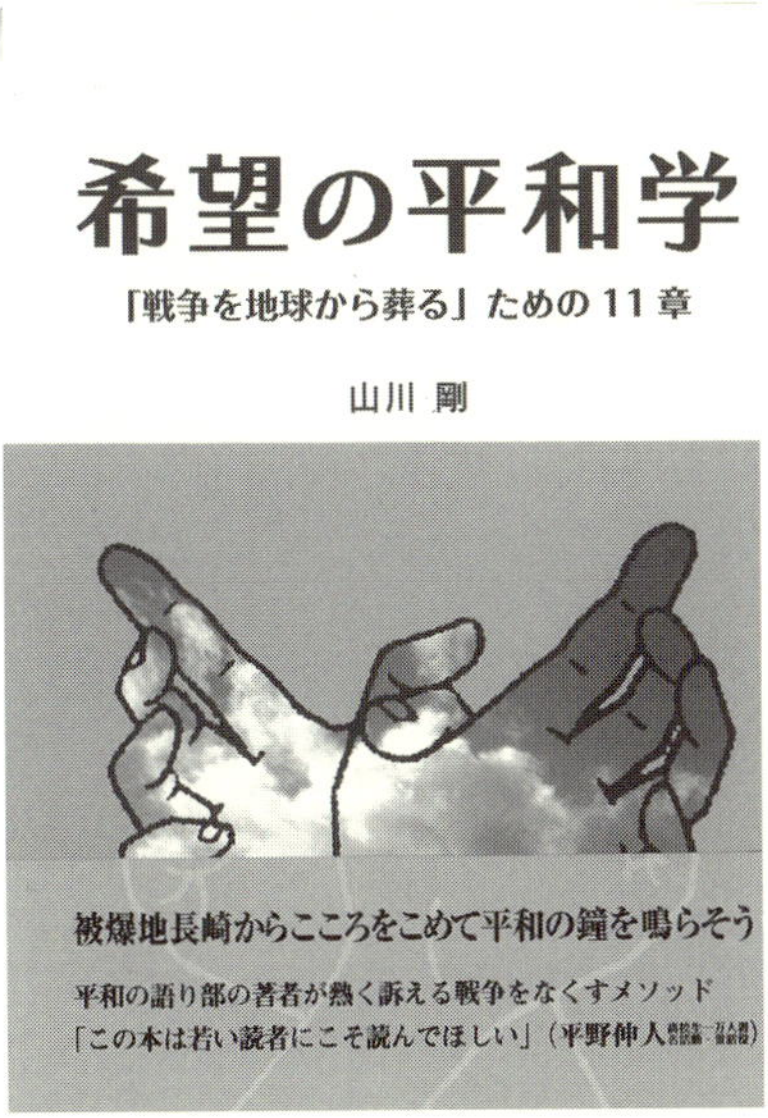
希望の平和学
「戦争を地球から葬る」ための11章
山川 剛
被爆地長崎からこころをこめて平和の鐘を鳴らそう
平和の語り部の著者が熱く訴える戦争をなくすメソッド
「この本は若い読者にこそ読んでほしい」（平野伸人
長崎平和学のテキスト『希望の平和学』

○「戦争の最初の犠牲者は真実である」——戦争・原爆・平和をどう学ぶか

「戦争の最初の犠牲者は真実である」（ハイラム・ジョンソン）をキーワードに、資料を使って、戦時の学校や世の中がどう変わったかを示す。学び方として、「いま」に関心を持つことが平和学習の入口であること、したがって「いま」と結びつかない「むかし」学習では、もの知りにしかならないこと、「いま」とつながる「むかし」を学んだとき初めて「これから」を考えることができることを学ぶ。つまり、「いま」→「むかし」→「これから」をセットで学ぼうという提起である。さらに、平和学習には想像力が不可欠であることが強調される。

○「あの日」は、どこから来たのか――「マンハッタン計画」

従来、長崎では、「あの日」（一九四五年八月九日）の原爆投下後を学習内容にすることが普通だった。「八月九日の向こう側」（伊藤明彦）は、ほとんど意識されなかったようだ。なぜ原爆を開発したのか、ファットマンとは何か、なぜ広島・長崎なのか、など多くの「なぜ」を明らかにする。このように、アメリカが第二次世界大戦中に極秘に進めた「マンハッタン計画」（原子爆弾製造計画の暗号名）を学び、十一時二分につなぐ。

○被爆の実相

本稿は、この学習から生まれた問題なので、この部分は後述する。

○「センセイ、ハタ　アル?」――加害と歴史認識

韓国の子の「センセイ、ハタ　アル?」というひとことから、すべては始まった。「万国旗」という運動会用品の一セットの中に韓国の国旗はなかった。日韓の歴史のなかで「韓国併合」に関する記述が、日・韓の教科書で大きく異なっていることを読み、一学級の親子で「韓国平和の旅」に出かけるまでを知る。また、韓国をはじめ在外被爆者の「いま」を長崎で被爆したチェ・ゲチョルさんの三つの裁判闘争を通して学ぶ。

○「微力だけど無力じゃない」――核と反核

核抑止論を信奉する核保有国の政策を支えてきたのが、核実験である。大気圏内核実験から地下核実

験に追い込まれた後、いま臨界前核実験が行われている。この核に対する反核・平和運動の変遷をたどる。「高校生平和大使」「高校生一万人署名活動」を中心とした長崎発の新たな平和活動と、汗と涙の中から生まれたみんなの合い言葉「微力だけど無力じゃない」を学び、運動のこれからを展望する。

○「国の交戦権は、これを認めない」——日本国憲法（前文・第九条）主権者として、改めて前文と第九条を読む。日本は六十四年間戦争をしていないが、もっと長年月にわたって「戦争を捨てた国」はないか、コスタリカのように軍隊のない国は、ほかにないのかを調べる。憲法第九条を世界はどう見ているか、戦争を葬る仕組みについて前文と第九条を通して考える。

○「友人と戦うことなど想像できない」——良心的兵役拒否の思想

「岡まさはる記念長崎平和資料館」にドイツの青年がやってきた。ドイツの基本法（憲法）で保障されている「良心的兵役拒否」の権利を行使して、兵役の代替業務を行うためである。良心的兵役拒否とは何か、いつ頃からどうやって世界に広がったのか、その歴史を概観し、戦争や徴兵に抵抗するための核心となる平和思想を学ぶ。

○三八八対一——女性と平和

ジャネット・ランキンは、米国初の女性国会議員である。日本の真珠湾攻撃直後、ルーズベルト大統領は、第二次世界大戦と対日宣戦布告決議を議会に要請した。一票の反対がジャネット・ランキンだった。二〇〇一年のアメリカでの同時多発テロに対するアフガニスタンへの報復戦争にただ一人反対票を投じたのは、バーバラ・リーだった。一票の反対がともに女性だったことに関心を持たざるをえない。女性の視点から国会議員や核保有国を観察し、平和構築における女性の役割を学ぶ。

○「核の傘」より「非核の傘」を——非核と平和

地方自治体のおよそ八割が、「非核宣言自治体」である。被爆県の広島、長崎は県内全自治体が宣言を完了しているが、福井県、青森県はおよそ五〇％である。なぜか。

非核自治体発祥の地は、イギリスのマンチェスターだ。その宣言と身近な自分の自治体の宣言を読み比較する。さらに大きな非核の枠組みである「非核兵器地帯」という「非核の傘」の現状と課題を学ぶ。

○『戦争って環境問題と関係ないと思ってた』——環境問題と平和

二〇〇七年のノーベル平和賞は、アル・ゴア元アメリカ副大統領とＩＰＣＣ（気候変動に関する政府間パネル）が受賞した。二〇〇四年のワンガリ・マータイにつづいて環境問題での平和賞だった。「人間の活動が、地球の温暖化を引き起こした」、と断定した功績が受賞の理由とあるが、人間のどんな活動かは報道のどこにも見当たらない。「戦争や軍事活動を問題にせず環境問題だけを語ることの誤り」（田中優）を具体的に学ぶ。一年間の世界の軍事費（二〇〇八年）は、高さ九〇〇〇メートルの一万円札の柱が一四〇本分であることも。

○「暴力についてのセビリア声明」——若者たちへの希望のメッセージ

長崎で「平和市長」が二代続けて銃撃された。最終回、こうした「暴力」を真正面にすえて学ぶ。一九八六年の国連国際平和年にスペインのセビリアで専門分野を異にする二十人の科学者がユネスコによって招集された。この国際会議の科学者たちが公表した共同声明が、「暴力についてのセビリア声明」だ。

「戦争と暴力は人間性に内在しているから避けることができない」という生物学的悲観主義が、平和のために立ち上がろうとする若者たちの前に立ちふさがってきた。暴力についての〝神話〟を最新の科学が明確に否定した。戦争は人間の本能ではない、人間という生きものは暴力をインプットされてはいないということを知れば、戦争廃絶の大きな希望になりうるのではないか。

以上が、戦争を地球から葬るために希望を語り希望を学ぶ「長崎平和学」のあらましである。

二、爆死証明書

本題に入ろう。先に触れたように、「爆死証明書」問題は、活水高校での「長崎平和学」の授業に端を発する。

私は、「被爆の実相」を俳句で学ばせることにしている。普通は、ドキュメントや『ナガサキの郵便配達』（ピーター・タウンゼンド）、『じいちゃん、その足どんげんしたと』（小峰秀孝）のような被爆者の体験記や『祭りの場』（林京子）、『黒い雨』（井伏鱒二）などの文学作品を取り扱うだろう。よく知られた童話や詩にもことかかない。しかし、授業という場でなければ、俳句で学ぶことはないにちがいないと思い、あえて俳句にした。

松尾あつゆきの句碑。長崎市平野町

そこで、松尾あつゆきの『日記・原爆句抄——被爆前後』を教材に選んだ（長崎の証言双書2『地球ガ裸ニナッタ』所収）。松尾あつゆき（敦之）は、戦前から自由律の俳人・荻原《おぎわら》井泉水《せいせんすい》に師事していた。同門に種田山頭火《さんとうか》や尾崎放哉《ほうさい》がいる。

あつゆきは、爆心地から三〜四キロの勤務先（食糧営団、常磐町）で被爆したが難を逃れた。十五歳の長女みち子は、爆心地からおよそ一キロの動員先（三菱兵器製作所茂里町工場）で半身火傷の重傷を負ったが一命はとりとめた。しかし、爆心地に近い自宅にいた妻の千代子（三十六歳）、長男の海人（中学一年、十二歳）、次男の宏人（四歳）、次女の由紀子（七カ月）は爆死した。

あつゆきの激動の一週間をみよう。

八月九日夕刻、西山から山越えで浦上に入り、夜十時ころ城山町の自宅にたどり着く。

月の下ひっそり倒れかさなっている下か

十日の由紀子、宏人、海人。

わらふことをおぼえちぶさにいまはもほ、えみ
臨終《いまわ》木の枝を口にうまかとばいさときびばい
母のそばまではうてでてわらうてこときれて

十一日、自ら木を組んで三人の子を焼く。

とんぼうとまらせて三つのなきがらがきょうだい

十二日、由紀子の骨を拾う。

あはれ七ヶ月の命の花びらのやうな骨かな

十三日、千代子を矢の平町の実家にリヤカーで運ぶ。一日がかりであった。
十四日、実家にて千代子死す。

ふところにしてトマト一つはヒロちゃんへとこときれる

十五日、千代子を実家に近い学校の校庭で焼く。

降伏のみことのり、妻をやく火いまぞ熾《さか》りつ

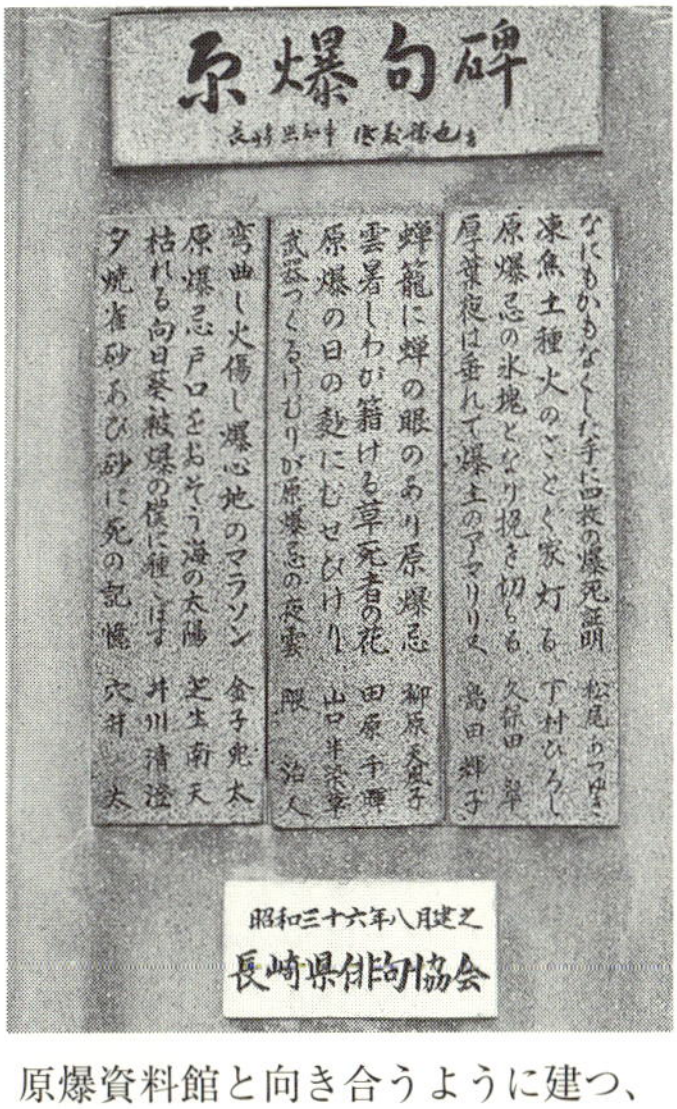

原爆資料館と向き合うように建つ、松尾あつゆきの句が収められた原爆句碑。長崎市平野町

なにもかもなくした手に四枚の爆死証明

ひとりの生徒がリポート用紙の質問の欄に、「爆死証明とは誰が発行して、どのような内容が書かれているんですか」と書いてきた。二〇〇六年五月のことだ。私はどのリポートにも赤ペンをいれて返すのだが、これには参った。「爆死証明書」なるものを見たことがないのだ。後日必ず回答するからと約束するしかなかった。長崎原爆資料館に尋ねるのは簡単だが、所蔵の有無を事前に知っておきたかった。ありませんね、と言われたらそれまでだからである。

暑い長崎の「あの日」関連の行事が一段落した翌二〇〇七年九月。

長崎県立図書館の郷土資料課で地元紙「長崎新聞」に当たることにした。爆死証明書など原爆がらみのこの種の記事は、今と違って以前は〝季節もの〟だったから、あるとすれば七月か八月だろうと山を張った。係りの人には、台車に何年分もの新聞を出し入れしてもらった。一カ月分ずつ綴じてある分厚い新聞をとっかえひっかえ調べていく。それにしても当時の新聞の活字のなんと小さいことか。近視、乱視、老眼の同居した目がしょぼしょぼする。……と、なんと、山が当たったのだ！　あった。とうとう見つけた。

一九八〇年八月十三日付に、それは出ていた。

「これが〝爆死証明書〟　大村の松尾さん　両親のを長崎市へ」

という見出しである。寄贈された爆死証明書と両親の骨壺に使っていた花びんのモノクロ写真もでている。寄贈主が「松尾」さんというのも因縁めいている。これで原爆資料館にあることを確認した。

二〇〇七年九月二十八日、長崎原爆資料館に確認の電話を入れた。資料係と名乗る女性に「爆死証明書があると思いますが、見せてもらえますか」。

と告げると、少し待たされて「申し訳ありませんが、これは非公開扱いになっています」という意外な声が返ってきた。

寄贈された爆死証明書と花びん

これが〝爆死証明書〟

大村の松尾さん　両親のを長崎市へ

爆心地近くの長崎市山里町で被爆して死んだ夫婦の爆死証明書が十一日、長崎国際文化会館に寄贈された。市発行の原爆被災証明書は多く残っているが、爆死証明書は数少ないという。

贈り主は大村市上諏訪町、無職、松尾謙一郎さん(六五)で、爆死証明書は父兼松さん(当時七十七歳)と母マサさん(同五十五歳)のもの。兼松さん夫婦は、爆心地から百㍍以内の近距離で陶器店を営んでいて爆死した。証明書はボロボロになっているが「右者、昭和二十年八月九日の空襲により爆死した者なることを証明す。二十年八月二十二日、長崎警察署」となっている。

謙一郎さんは兼松さん夫婦の長男で、二十一年一月中国から引き揚げ、証明書を保管していた人から受け取り、保存していた。

謙一郎さんは、自宅防空ごうで見つかり、両親の骨ツボに使っていた花びんも一緒に寄贈した。

吾妻岳に男の死体

十日午前十一時ごろ、南高国見町田代原キャンプ場上の吾妻岳山中に男の死体らしいものがあるのを、子供のキャンプに付き添っていた同町の人が発見、十二日、小浜署に届けた。

爆死証明書の寄贈を報じる1980年８月13日の「長崎新聞」

「非公開の理由は何ですか」

「これには個人情報が含まれています」

「どんな個人情報ですか」

「住所とか名前などです」

というやり取りがあった。書かれているのを読み上げることはできます、と言って読み上げるのを聞き流しながら、私は整理のできない頭で、事の重大さを自覚しはじめていた。電話ではラチが明かない。面談が必要だ。先の記事によれば、寄贈主の松尾謙一郎さんは六十五歳で大村市在住となっている。それから二十七年が経過しているので、ご健在か気がかりである。


そこで、大村市役所の知人に松尾さんを訪ねてくれるよう依頼した。数日後、残念な連絡が入った。五、六年前に亡くなられたとのことだった。ただ、一つだけ朗報があった。末の娘さんが長崎市に住んでおられるのだという。二〇〇七年十月のことであった。

電話帳で該当者を調べた。複数の同姓を絞って遺族にたどり着いた。それをもとに同年十月二十日、贈り主の遺族になる長崎市内の娘さんに手紙を書いた。自分は被爆者で活水高校の非常勤講師をしていること、生徒から受けた質問のこと、あなたのお父様がご両親の爆死証明書を長崎市に寄贈されていること、そのことを報道した二十七年前の新聞記事を見つけ出したこと、爆死証明閲覧についての原爆資料館の言い分、これらを前置きとして書き、手紙の主旨に入った。

「寄贈されたお父様のお気持ちは、爆死証明書の存在を知らせ、二度とこんな証明書が発行される世界にさせてはならないという決心を市民に促すことではなかったでしょうか。広く市民に公開されることこそお気持ちに添うのではないかと思います。ご遺族として、ひきつづき非公開を希望されるか、市民に公開されることをご承諾いただけるかをお知らせいただければ幸甚です」

しかし、返事はなかった。

「お便りが遅くなりました」、と断りのある待望の返事が十一月に入って届いた。本来、面識のない者からの、しかも立ち入った問い合わせの手紙に即答する義理はない。何が幸いするか分からないものだ。NHK長崎放送局が制作する番組に「ながさきヒート」というシリーズものがあり、十一月二日に放送された「被爆教師はあきらめない」に私は出演していた。それをたまたま観ておられて、原爆や戦争の悲惨さを生徒に問いかける姿に感銘を受けたこと、これからも語り部として頑張ってほしいことなどを述べられたあとに、簡潔な〝回答〟があった。

「その為にも父が寄贈した爆死証明書が皆様のお役にたてれば幸いでございます」

生徒のリポートのコピーと返事の手紙を持って、原爆資料館を足どりかるく訪ねた。二人の資料係が応対した。

「寄贈された方が亡くなっておられるので、寄贈の真意を確認できません。お手紙の娘さんが、寄贈された方とほんとに親子関係か、ほかに遺族の方がおられたら全て確かめなければなりません。資料館としては、後々問題が起こらないようにしなければならないのです」と譲らない。

ああ、これぞお役所……。世界に二つしかない原爆資料館で働いている誇りや使命感はないのだろうか。「公開・展示」の申し入れがあったことを資料館として検討し、後日連絡するという言葉も空虚に響いた。

ここまでの問題点を整理してみよう。

（一）被爆資料に関する明確な指針と専門的知識を備えた学芸員の不在（当時）。資料館が所蔵する被爆資料を公開するか非公開にするか、展示するかしないかなどについての指針（規定）に該当する文書がない。市の人事異動で原爆資料館に転勤してたまたま資料係になり、数年勤務すれば他の部署へ異動する。その人たちに判断が委ねられるとすれば酷というものだ。こうした状況の中で、貴重な資料が日の目を見ることなく死蔵されるのは理不尽だ。

（二）「爆死証明書」はどの時点で、どんな理由で「非公開」となったのか。個人情報保護の悪用とまでは言わないが、誤用としか思えない。

（三）原爆資料館が、一九九六年にリニューアル・オープンしたとき、所蔵する資料の検討・見直しをせず、前身の「国際文化会館」時代の取り扱いを踏襲したとすれば、行政の怠慢と言わざるを得ない。

（四）六十数年たった今、原爆死した人の住所・氏名が、公になることがなぜ不都合なのか、誰か不利益をこうむったり、名誉を傷つけられたりするだろうか。爆死者をこれ以上傷つけてはならない。

（五）仮に「閲覧可」で事を収めるとすれば意味がない。「爆死証明書」の存在すら知られていないのだから、閲覧を申し出る人は、まずいないだろう。「公開・展示」にすべきである。

先の「被爆教師はあきらめない」が放送された三日後、「朝日新聞」の女性記者から活水高校での「長崎平和学」についての取材を受けた。その折、「爆死証明書」についての資料館とのやり取りを茶飲み話的に話したら、本題より関心を引いたようだった。それで、二〇〇八年二月二十三日付の、長崎県

長崎原爆資料館

遺族の個人情報？

被爆資料 閲覧断る

指針なく現場苦悩

被爆に関する資料の公開をめぐって、長崎市の長崎原爆資料館が頭を悩ませている。63年前の被爆死を証明する公文書の閲覧を高校講師に求められ、「寄贈者の同意が確認できない」と断った。個人情報保護法は死者に適用されないが、遺族にとっては個人情報にあたるのではないかと迷った末の決定。しかし、被爆の実相を伝える資料が眠ったままになると危ぶむ声も出ている。　（真国聖子）

閲覧を求めたのは、市内の私立活水高校で平和学を教える非常勤講師の山川剛さん(71)。06年4月の授業で、被爆死したことを示す警察発行の爆死証明にふれた際、生徒から「どんなもの？」と質問された。77歳と55歳で亡くなった夫婦の爆死証明が資料館にあると知り、教材に使いたいと申請した。

資料館は夫婦の名前や住所が書かれているとして、非公開と答えた。同法は個人情報を「生存する個人に関する情報」と定めている。だが、出田哲朗館長は「個人の権利や利益を保護する法の目的を考えると、生存している寄贈者や遺族の意思が確認されていない以上、非公開にせざるを得ない」と説明する。

資料館によると、所蔵する資料6864点のうち、公文書は154点。原爆による罹災証明書や亡くなった人の検視調書もあるが、爆死証明と同様に非公開にしている。

一方、ほとんどの資料は個人情報保護法が全面施行された05年より前に寄贈され、公開について具体的な方針や規定はないという。資料館の担当者は「現場で判断せざるを得ない」と明かした。

山川さんは夫婦の爆死証明を寄贈した息子を新聞記事から割り出した。その男性は他界していたが、07年10月、男性の娘と連絡が取れ、夫婦の孫として「お役に立てば幸いです」と公開を了承してくれた。

それでも資料館は公開の条件として「他の遺族の了承も必要」と譲らない。山川さんは「個人情報に敏感になりすぎる余り、見ることができなければ資料の価値が失われる」と疑問を感じている。

同じような問題は全国にも広がっている。京都市で昨年11月に開かれた日本平和博物館会議で、広島平和記念資料館の担当者が資料に含まれる個人情報をどう扱うかと提起した。だが、明確な答えを出している資料館、博物館はないという。

長崎原爆資料館の展示資料は熱線で溶けた瓶や時計などの被爆物が中心。個人名が書かれた証明書類はない＝22日、長崎市

爆死証明書の閲覧拒否を報じる「朝日新聞」2008年２月23日

版ではなく西部本社版社会面トップで「被爆資料閲覧断る」と報道した。

ただ、「被爆問題は広島・長崎エリア」というのがメディアの、とりわけ中央（東京）の体質らしい。長崎の原爆記念日がたまたま新聞の休刊日になって、全国一斉に八月九日付の朝刊がでなくても、痛くも痒くもない神経が恐ろしい。さすがに地元紙は出す。休刊日がけしからんというのではない。変更してほしいだけなのだが。

一枚の〝紙切れ〟は、資料館のありかた、使命や歴史認識を行政やマスコミにも問うているのであって、事の本質はローカルではないのである。

「朝日」の報道から三日後の二月二十六日に、「住所、氏名を隠して閲覧という形ではどうですか」という担当者からの打診の電話があった。遺族が承諾している以上、なにも隠す必要はない、と私は提案を拒否した。「閲覧可」ではなく「展示」でなければ意味がないと「展示」を再度要請した。

「二、三世まで影響する場合もあるし、資料館としては慎重を期さなければなりません。遺族の方に改めて寄贈の同意書を出してもらうようにしているが、なかなか出してもらえないでいる」と係りはぼやいた。おそらく、遺族を訪ねることもせず、もう一度文書を出せと文書の遣り取りですまそうとしているわけだ。確かめてから後日返事する、ということでその日は終わった。

三、爆死証明書初公開

役所の「後日」は長い。二〇〇八年九月のはじめころ、やっと長崎原爆資料館から電話による「通

知」が入った。前回のやりとりから半年が経過していた。

これまで「非公開」になっていた「爆死証明書」を「公開」扱いにするというのである。いつか資料館に立ち寄った折、係りが「遺族の方に、改めて寄贈するという意思確認の文書を出しているんですが、まだもらえないでいます」と、いかにも役人らしい釈明をしていたのだが、どうやら資料館も遺族の承諾を得たということなのだろう。

「閲覧される場合は、事前に連絡してほしい。写真撮影は可能ですが、資料が劣化しているのでビニール袋から取り出さないで撮影されるようお願いします」と担当者。

私が「爆死証明書が公開扱いになったことを広報されるのですか」と尋ねたのへ、「広報はしません」とにべもない。

「展示は？」

「その予定はありません」

広報しなければ、状況は非公開と同じであり、展示しなければ資料にはなりえないことは明白だ。

どうせならと、長崎原爆の「九の日」にこだわって、十月九日に原爆資料館に出かけた。用件を告げると、係りは「お待ちください」と収蔵室に下りていき、数分後、ビニール袋に納めた爆死証明書一通を机上に並べた。

ついに実物と対面。敗戦直後の用紙は、黄ばんで変色し、警官手書きの文字は走り書きである。当時の混乱を「もの」が、ものの見事に物語っているではないか。私は、デジカメに収めてから訊いてみた。

「公開扱いになってから、閲覧希望者はありましたか？」

「いえ、山川さんが初めてです」

ほうらね。「広報と常設展示」を重ねて要請したら、「資料の展示には一定の流れがあり、爆死証明書はそれに合わない」と利いた風なもの言いだ。

はたしてそうだろうか。入館者の圧倒的多数が戦争体験も被爆体験もないのだ。非体験者が被爆の実相に迫るためには、想像することを可能にする手だてが必要だ。被爆直後の社会の混乱を見せる資料の

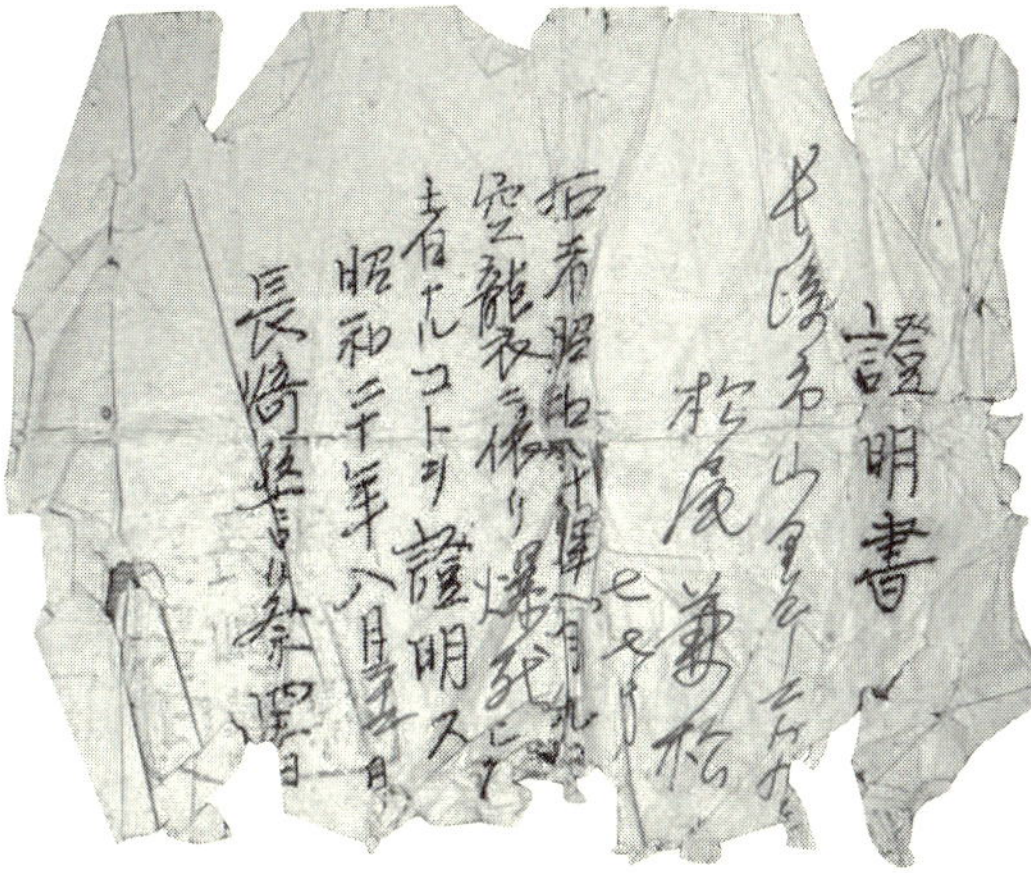
證明書

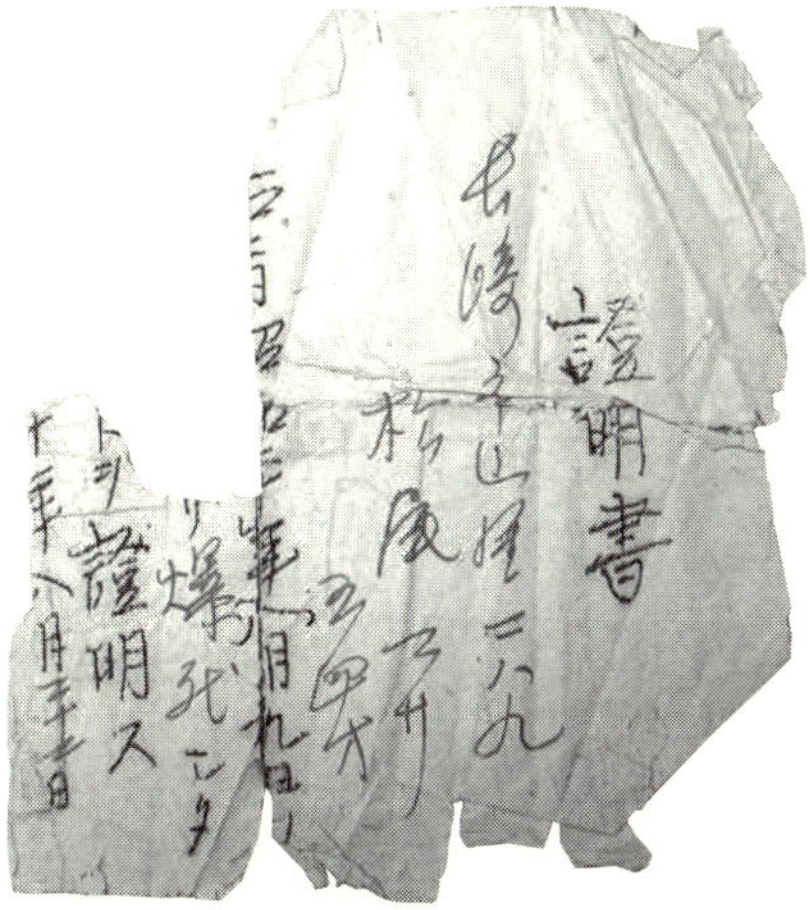
證明書

公開された爆死証明書。上は松尾兼松さん、下は松尾マサさんのもの。兼松さんのものには「證明書」とし、住所、氏名、年齢を記し「右者昭和二十年八月九日ノ空襲ニ依リ爆死シタ者ナルコトヲ證明ス」とし「昭和二十年八月二二日　長崎警察署」と記されている
(長崎原爆資料館蔵・写真提供)

長崎原爆 投下直後に警察発行

爆死証明書を初公開

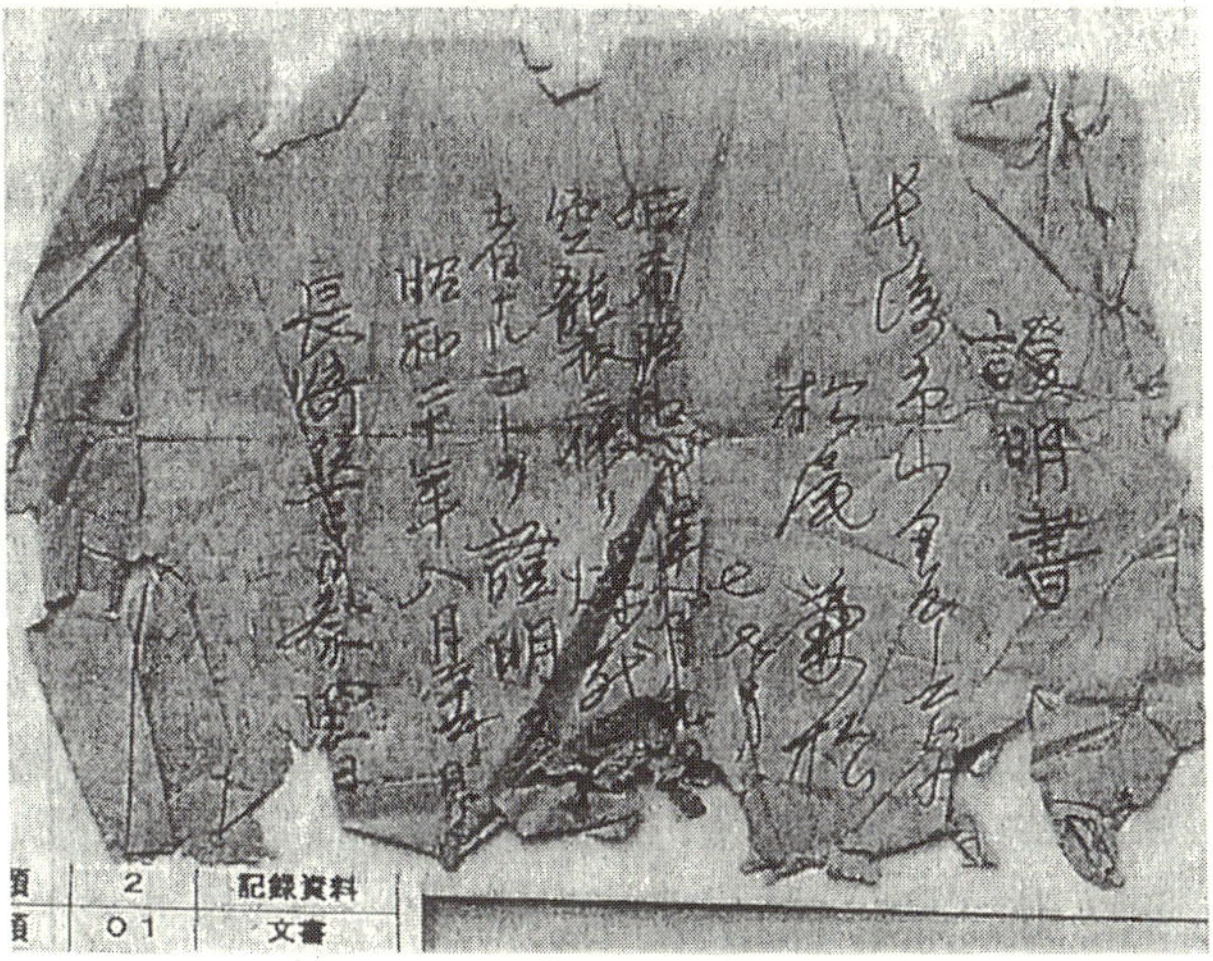

長崎原爆では初公開となった「爆死証明書」＝長崎市平野町の長崎原爆資料館で10日

長崎原爆投下直後の惨状で、被爆者の死亡を警察が証明した「爆死証明書」。確認されるわずか約10通のうち2通が、長崎原爆資料館で初めて公開されることになった。これまで同館は「個人情報保護」を理由に非公開としていたが、被爆者で私立高校講師の山川剛さん(72)＝長崎市＝が遺族を捜し出し承諾を得て、公開が決まった。

警察が爆心地近くなど市街地にテントを張り、遺族らの申請を受け付けた。中には遺骨すら残らなかった例も少なくなく、役所に死亡届を出すため証明が必要だった。ほとんどが混乱の中で散逸したが、約10通が同館に寄託されていた。

「どんなもの」生徒に問われ

教師が遺族から承諾

公開が決まったのは、爆心地から約100㍍で陶器店を営んでいた松尾兼松さん（当時77歳）マサさん（当時54歳）夫妻の証明書。長崎署が1945年8月22日付で発行した。縦13㌢、横15㌢のわら半紙に手書きの字をガリ版印刷したとみられ「證明書」「昭和二十年八月九日ノ空襲ニ依リ爆死シタ者ナルコトヲ證明ス」と記されている。

爆死証明書は、被爆俳人の松尾あつゆき（1904～83年）が≪なにもかもなくした手に四枚の爆死証明≫と詠んだことで知られる。活水高校講師の山川さんが昨年、生徒から「実際どんなものですか」と質問されたのを受けて調べ、松尾兼松さん夫妻の遺族が、80年に長崎市に寄贈していたことを知った。

山川さんは昨年9月に資料館に公開を求めたが、同館は「個人情報にあたる」として非公開とした。以降、山川さんは1年以上かけて遺族を捜し出し、公開の承諾を得て、資料館に連絡。やっと公開が決まったという。

資料館の多以良光善館長(59)は「被爆の情報は差別などにつながる恐れがあり、慎重に扱わざるを得ない。今回承諾を得られたのはありがたく、今後、何らかの方法で展示を考えたい」と話した。爆死証明書の閲覧希望者は、同館に申請すれば実物を見られる。山川さんは「被爆の実相を伝える貴重な史料。常設展示すべきだ」と話している。

【錦織祐一、写真も】

爆死証明書の初公開を報じる「毎日新聞」2008年10月11日

松尾さんが両親の骨壺にしていた花びん。（長崎原爆資料館蔵、撮影著者）

展示もその一つである。現に、原爆絵巻やレネ・シェーファー（オランダの元被爆捕虜）さんの「作品」は展示されているのだ。

事態が動いたのは、二〇〇八年十月十一日に「毎日新聞」が、「爆死証明書を初公開」と、これも西部本社版の社会面トップで報道してからだった。

爆死証明書の「閲覧拒否」報道は、「朝日新聞」と「長崎新聞」の二紙にすぎなかったが、今回の「初公開」については、新聞五紙、テレビ五社、つまり長崎県内すべてのメディアが報道してくれた。

これが効いた。

資料館は対応を迫られたのだろう、二〇〇八年十一月五日から二〇〇九年一月十五日まで「資料館収蔵展」という形で爆死証明書の公開・展示に踏み切った。ただ、この企画展について資料館からの連絡はなかった。私はこのことを報道で知った。こんどは初日、十一月五日に出かけた。

松尾兼松（被爆時七十七歳）、マサ（同五十四歳）さんが、陽のあたらない収蔵庫から二十八年ぶりに生還したのだ。私はそう感じた。ふたりは、いのちと暮らしのすべてをなくして爆死証明書を残した。その二枚の紙切れが、ようやく資料になったのである。

爆死証明書の横に罹災証明書が並べてあった。罹災証明書は一定の様式を活版印刷したものである。

一般戦災は日常的だったから、予想される事態に備えていたのだ。しかし、原爆はだれも予想できないことだったから所定の用紙はなく、手書きするしかなかった。警官の走り書きが生々しい。寄贈した松尾謙一郎さんの娘さんが、祖父母の爆死証明書と対面している記事と写真を見た。

寄贈者が両親の骨壺にしていた花びんもあるはずなので、担当者に問い合わせると、調べてから電話するという。十一月十七日に連絡が入ったので出かけた。かなり大きな包装された物を白手袋の係りが両手で抱えてきた。慎重に包装を解くと、うす紫の花をつけた植物が花びんいっぱいに描かれた美しい壺が現れた。花びんにはひびが入り、二カ所に穴が開いていた。底には、こびりついた土砂に混じって白い骨片らしいものがあった。花びんを展示しなかったのは、存在を担当者が知らなかったか、万一の破損を恐れてのことかもしれない。

兼松さんについて次のような記事が載った。

……夫妻のお孫さんに話を聞くと、生き延びた遺族は被爆直後に「魚を食べて栄養を取ろう」と、親族が住職だった現在の南島原市の寺に疎開。代わりに住職が爆心地近くに入って松尾さんらの遺骨を探した結果、住職は体中に紫斑を発症して急死したという。松尾さんの遺族は「ご住職の家族に悪いことをした」と悔やみ続けた。

（二〇〇八年一〇月八日「毎日新聞」）

報道各紙によれば、原爆資料館は、寄贈資料を約一万八〇〇〇点収蔵し、うち約二二〇〇点が非公開である。罹災証明書など公文書約六六〇点が、遺族・寄贈者の意思が確認できないとして非公開。爆死証明書は十一点。そのうち二通が今回公開されたので、九点が非公開のままである。ちなみに原爆資料館は、収蔵室だけは、なぜか取材の記者に公開しない。ある記者は、収蔵室のドアの撮影さえ拒否されたとあきれていた。

このように原爆資料館には、遺族や寄贈者を捜す手間も金も意志もないのだから、「非公開扱い」を改めない限り「原爆〝死蔵〟館」であり続けるほかない。事実、期間限定の収蔵展が終わると、兼松・マサさん夫妻（の爆死証明書）は、また密室のお蔵に戻され、もとの紙切れに変身させられたのである。原爆資料館に寄贈するという行為は、質屋に物を預けるのとはわけが違う。広く知ってもらいたいという強い意志があり、公開・常設展示が前提だ。同じ被爆地の広島は、「原則展示」の方針で、爆死証明書も展示しているという。原爆資料館は、非公開のままでどうやってこれを公開扱いに転じるつもりなのだろうか。

爆死証明に関する一連の報道後、大村市在住の女性から二通の爆死証明書（コピー）をいただいた。これも肉太の万年筆で書かれたものだった。母校（活水）の後輩のお役に立つならば、と手紙にあった。貴重なものですから、原爆資料館に寄贈なさいませんか、と声をかけることができない現状がくやしい。最初に「初公開」報道をした錦織祐一記者（「毎日新聞」）のコラムを、先に引用したが、もう一つ同記者の興味深い記事があるので、その一部を紹介したい

……兼松さんは長崎県北有馬村（現・南島原市）出身。行商で蓄え、二十二歳でシンガポールに渡り旅館を経営した。この旅館で革命家の宮崎滔天《とうてん》と知り合い意気投合。滔天が同国で逮捕された後は釈放に尽力した。マレー半島でゴム園も経営、財をなした。

体を壊して三十七歳で帰国。長崎市内で旅館を経営し滔天や「中国革命の父」孫文らを支援した。

だが昭和の金融恐慌で破産。旧満州に渡るなど再起を模索した。再帰国後に始めた陶器店が成功し、七十二歳で負債を完済した。

息子たちは太平洋戦争に出征。「いつ子供たちが帰ってきてもよかごと、貯金と家ば用意しとかんば」と話していたという。その矢先の爆死だった。（二〇〇八年十一月二十三日「毎日新聞」）


波瀾に富んだ松尾兼松さんの生涯をかいま見ることができたのだが、両親の爆死証明書を寄贈した息子の謙一郎さんに関するエピソードを聞いた。語ってくれたのは、かつて大村の教職員組合の役員をした人だった。

事務所に謙一郎さんが訪ねてきて、

「自分は長崎市の中学校を定年退職して大村に住んでいる。組合の闘いはますます厳しくなっているから、現場の先生たちは大変だ。自分はもう処分は受けないから、身体を張ってやることがあれば、いつでも言ってくれ」

と、わざわざ言いに来られたのだという。役員になったばかりだったので、よく覚えていると付け加えた。

たしかに兼松さんの血を引いた謙一郎さんだった。

四、二つの「これから」

ある日の平和授業～生徒の質問～昔の新聞記事～遺族の存在～黄ばんだ爆死証明書とたどって、爆死した兼松さんの人生と遺族の苦悩をも知ることができた。一枚のどの爆死証明書の向こう側にも、包みきれないほどのドラマが存在する。それを他者は意識すべきなのだ。光のささない収蔵室の「もの」たちの「存在を黙殺している」原爆資料館に不可欠なのは、「もの」たちに連なるこうした人間の存在を想像することである。そして、たんなる保存館からほんものの資料館になるために、もっと市民の力を活用すべきである。「非公開」を「公開」へという第一ラウンドに続く第二ラウンドの「これから」は、爆死証明書の常設展示だ。

さらに、それに続く「これから」の私の関心事は、ことの発端となった長崎の俳人・松尾あつゆきの、

なにもかもなくした手に四枚の爆死証明

の「爆死証明書」は、どうなったかである。

あつゆきの爆死証明書が発見され展示されれば、原爆資料館と爆死証明書～松尾あつゆき句碑～原爆句碑～歌碑などを結んで、「文学に見る被爆の実相」といった「さるく（ぶらぶら歩く）コース」も可能になるだろう。いまのところ四枚の爆死証明の行方は、かいもく摑めないでいるのだが、「これから」という可能性に賭けるしかない。

模索の現状を述べて、本稿をひとまず終わろうと思う。

あつゆきの妻・千代子は、八月十四日に矢の平町の実家で最期を迎え、近くの伊良林小学校の校庭で焼かれた。あつゆきは、校庭に近い中川町で長崎警察署の警官に四枚の爆死証明を書いてもらった。重傷のみち子と二人、しばらく矢の平に身を寄せていたので、そこに残されている可能性がある。また、あつゆきのお孫さんたちが、母のみち子から爆死証明のことでなにか聞かされていることはないのだろうか。

みち子についてひとこと。

配給通帳　しんじつふたりとなりました

と、あつゆきの句に詠まれたみち子は、亡くなった父の後を追うように二年後の一九八五年に、五十五年の短い生涯を閉じた。みち子との療養生活は、あつゆきの『日記・原爆句抄――療養記』に詳しい。

つい最近のことだが、長崎県内の長与町に居られた松尾とみ子（あつゆきの後妻）さんが、二〇〇九年九月十日に亡くなられた（享年八十九）。とみ子さん宅にも爆死証明〝発見〟の期待がかかる。

というのも、あつゆきのお孫さんが、とみ子さんの遺品の整理中に出てきたと、「写真について」と書かれたあつゆき直筆のメモを送ってくださるというできごとがあったからだ。

昭和二十年四月十五日にうつしたものらしい。親が戦争々々でかまってくれないものだから、子供たちだけで、赤ちゃんの宮まいり長男の中学入学の記念として、写真屋へ行って撮したらしいのです。うちは強制疎開になる前に紺屋町（現在の桜町の陸橋付近）でした。城山へひっこして被爆した訳で、どこまでも運の悪いことでした。

「どこまでも運の悪いことでした」というあつゆきらしい抑えたことばにこめられた無念の思いが激しく迫ってくる。

十五歳の少女みち子のけなげさにも胸を打たれる。

「爆死証明がありました」という声を聞く日が来ることを願わずにはおられない。

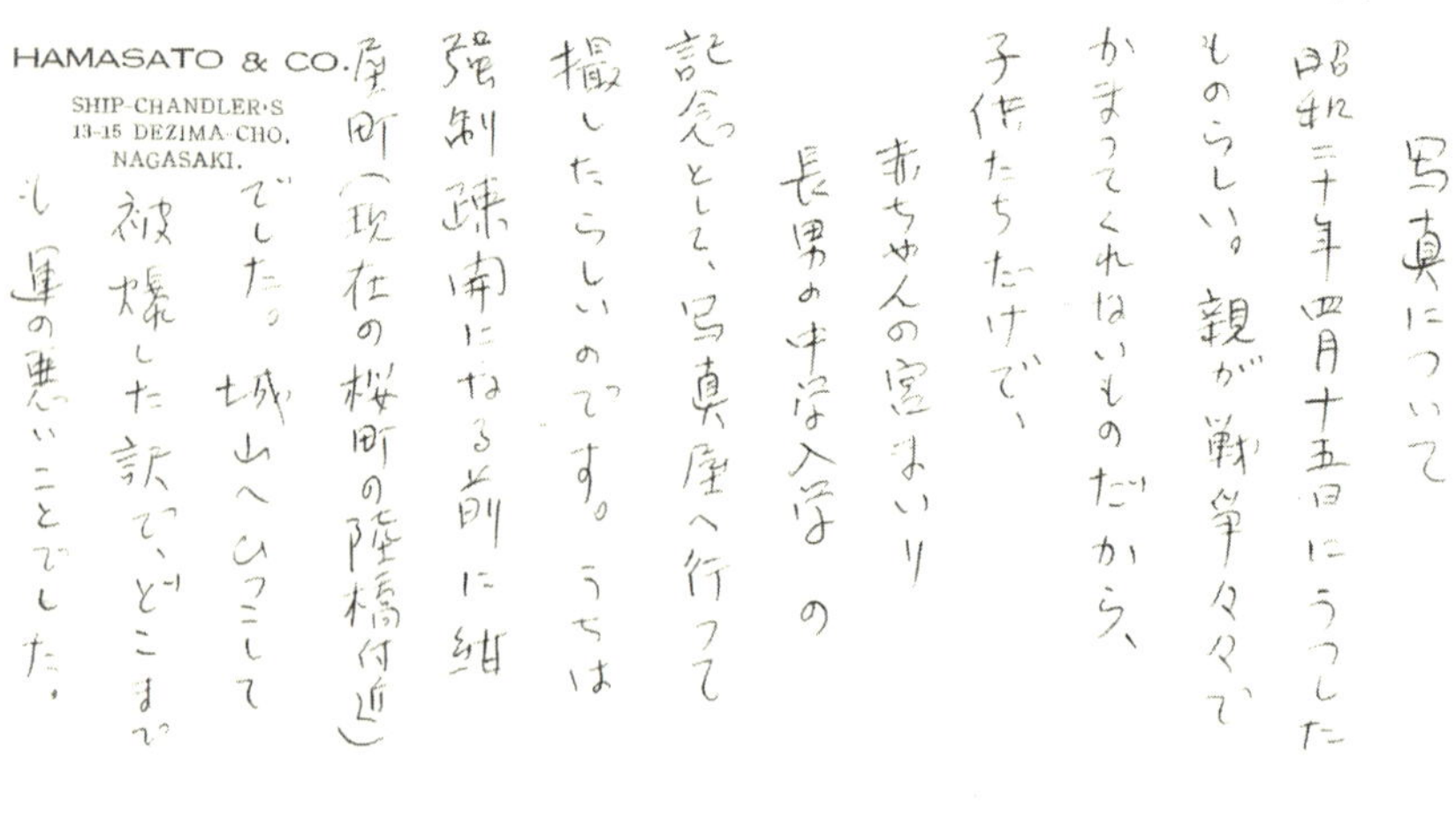
HAMASATO & CO.
SHIP-CHANDLER·S
13-15 DEZIMA-CHO.
NAGASAKI.

写真について
昭和二十年四月十五日にうつした
ものらしい。親が戦争々々で
かまってくれないものだから、
子供たちだけで、
赤ちゃんの宮まいり
長男の中学入学　の
記念として、写真屋へ行って
撮したらしいのです。うちは
強制疎開になる前に紺
屋町（現在の桜町の陸橋付近）
でした。城山へひっこして
被爆した訳で、どこまで
も運の悪いことでした。

4人の子どもたちで撮られた記念写真と写真に付した松尾敦之のメモ（下）

資料1『平和の時計塔の歌』（作詞・作曲太田司朗）

広島の平和の鐘
世界の果てまでも
鳴り響けよ　鳴り響け

資料2『長崎の鐘』
（一九四九年、サトー・ハチロー作詞、古関裕而作曲）

一　こよなく晴れた青空を
　悲しと思うせつなさよ
　うねりの波の人の世に
　はかなく生きる野の花よ
　なぐさめはげまし長崎の
　ああ長崎の鐘が鳴る

二　召されて妻は天国へ
　別れてひとり旅立ちぬ
　かたみに残るロザリオの
　鎖に白きわが涙
　なぐさめはげまし長崎の
　ああ長崎の鐘が鳴る

三　こころの罪をうちあけて
　更け行く夜の月すみぬ
　貧しき家の柱にも
　気高く白きマリア様
　なぐさめはげまし長崎の
　ああ長崎の鐘が鳴る

資料3『夾竹桃のうた』（藤本洋作詞、大西進作曲）

夏にさく花　夾竹桃
戦争終えた　その日から
母と子どもの　思いをこめて
ヒロシマの野に　もえている
　空に太陽がかがやくかぎり
つげよう世界に原爆反対を！

夏にさく花　夾竹桃
武器をすてた　あの日から
わかものたちの　ねがいにみちて
ナガサキの丘に　もえている
　空に太陽がかがやくかぎり
つげよう世界に原爆反対を！

夏にさく花　夾竹桃
祖国のむねに　沖縄を
日本の夜明け　つぐる日を
むかえるために　もえている
　空に太陽がかがやくかぎり
　つげよう平和を　独立を！

資料4　被爆五十周年記念歌「千羽鶴」
（一九九五年、横山鼎作詞、大島ミチル作曲）

一　平和への誓い新たに
　緋の色の鶴を折る
　清らかな心のままに
　白い鶴折りたたみ
　わきあがる熱き思いを
　赤色の鶴に折る

二　平和への祈りは深く
　紫の鶴を折る
　野の果てに埋もれし人に
　黄色い鶴折りたたみ
　水底に沈みし人に
　青色の鶴を折る

三　平和への願いをこめて
　緑なる鶴を折る
　地球より重い生命よ
　藍の鶴折りたたみ
　未来への希望と夢を
　桃色の鶴に折る
　未来への希望と夢を
　虹色の鶴に折る

おわりに

「平和ブックレット」シリーズでは初めて「十一時二分のメロディー」「ある爆死証明書」と二つの短い文章を収めた。「はじめに」で触れたように、現時点までの二つの「できごと」を書いた。マイペースで、といえば聞こえはいいが、それはかたつむりのペースで、ということなのだが、いつか「続」を書き継ぐことができればと思っている。

「十一時二分のメロディー」では、難波健治さん（中国新聞社・ヒロシマ平和メディアセンター）に広島関係の資料について多くの支援をいただいた。「ある爆死証明書」では、祖父母の爆死証明書の公開をお孫さんの宍戸久美子さんが受け入れてくださった。それに、発見されたばかりの松尾あつゆき自筆の「メモ」の使用をお孫さんの平田周さんが快諾してくださった。

カバーデザインは今回も山川若菜さん（山川デザインルーム）にお願いした。本づくりは海鳥社の西俊明さんに今回も多々お世話になった。以上のみなさんと本書を手にとってくださったみなさんに心からお礼を申し上げたい。

二〇一〇年二月十四日

山川　剛

山川　剛（やかまわ・たけし）1936年，長崎市に生まれる。36年間，長崎の小学校に勤務する。在職中から平和教育に力を注ぐ。1980年，ユネスコ軍縮教育世界会議に参加する。「長崎県原爆被爆教職員の会」副会長，2005年より活水高等学校非常勤講師。著書に「平和ブックレット」シリーズ（現在５巻）『希望の平和学』（長崎文献社）がある。

平和ブックレット５
11時２分のメロディー
■
2010年３月28日第１刷発行
■
著　者　山川　剛
発行者　西　俊明
発行所　有限会社海鳥社
〒810-0074　福岡市中央区長浜3丁目1番16号
電話092(771)0132　FAX092(771)2546
http://www.kaichosha-f.co.jp
印刷・製本　九州コンピュータ印刷
［定価は表紙カバーに表示］
ISBN978-4-87415-772-5
JASRAC 出 1003397-001